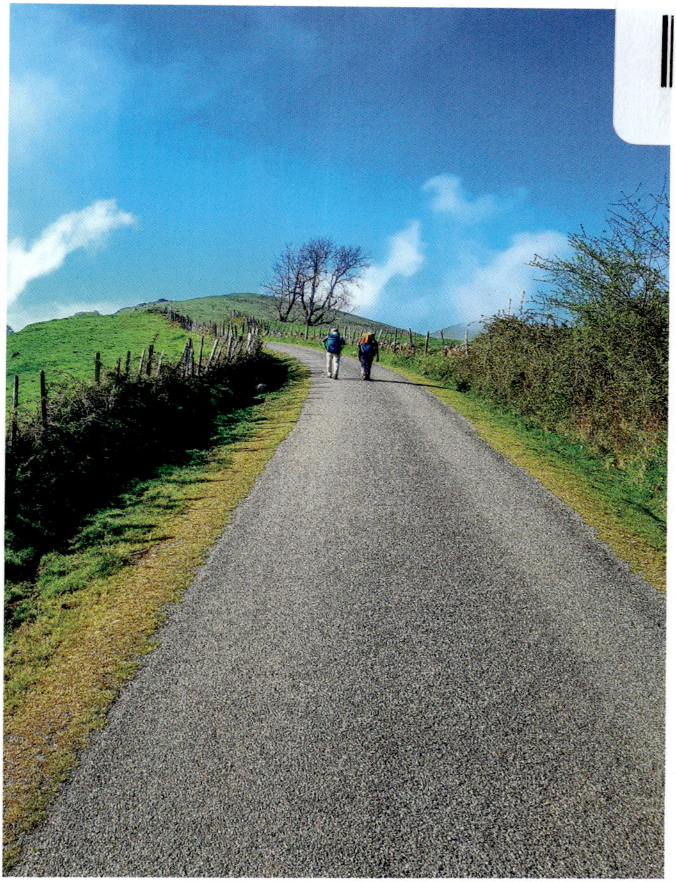

내가 나에게 준 최고의 선물

Camino

김수진 지음

지식과감성#

Camino
내가 나에게 준 최고의 선물

초판 1쇄 발행 2021년 11월 26일

지은이 김수진
펴낸이 장길수
펴낸곳 지식과감성#
출판등록 제2012-000081호

교정 김우연
디자인 정윤솔
편집 정윤솔
검수 백승은, 이현
마케팅 고은빛, 정연우

주소 서울시 금천구 벚꽃로298 대륭포스트타워6차 1212호
전화 070-4651-3730~4
팩스 070-4325-7006
이메일 ksbookup@naver.com
홈페이지 www.knsbookup.com

ISBN 979-11-392-0183-3(03980)
값 15,000원

• 이 책의 판권은 지은이와 지식과감성#에 있습니다.
• 이 책 내용의 전부 또는 일부를 재사용하려면 반드시 양측의 서면 동의를 받아야 합니다.
• 잘못된 책은 구입하신 곳에서 바꾸어 드립니다.

지식과감성#
홈페이지 바로가기

Prologue

    COVID-19로 우리의 삶이 정지된 듯한 시간이 벌써 2년이 지났다. 지금도 그 터널 속의 답답하고 지루한 팬데믹은 계속되고 있다. 마침 코로나가 발생하기 전 다녀온 순례길이 아직도 파노라마처럼 기억에 생생히 남아 있어 오래된 앨범을 넘기듯 추억을 반추해 본다.

    금융인으로서 40년간의 직장생활을 끝내고 무엇을 할까 고민하다 오래전에 세워 둔 나의 버킷리스트를 실천하기 위해 떠난 길, 카미노 데 산티아고(Camino de Santiago)!

    프랜시스 베이컨은 "여행이란 젊은이들에게는 교육의 일부고, 나이 든 사람에게는 경험의 일부다"라고 했다. 그래서 여행을 길 위의 움직이는 학교라고도 한다. 교육이나 지식의 습득은 책으로 할 수도 있지만, 그 참된 모습을 알기 위해서는 구석구석 다니면서 부딪혀 보고, 직접 느껴야 오래가고 감정도 더 깊을 것이다. 여행은 우연한 기회에 운명과도 같은 사람, 새로운 것과 만나기도 한다. 때로는 아름다운 것을 보고 감동도 하지만, 결국은 나 자신을 찾고, 성숙해 가는 과정이라고 생각한다.

    나는 이번 여행을 그동안 열심히 살아온 나 자신을 위한 선물로 생각하고, 내 인생의 터닝 포인트로 삼기로 했다. 또한, 나처럼 떠나기를 주저하는 사람들에게 용기를 주고, 누구나 걸을 수 있지만 아무나 걸을 수 없는 길임을 일깨워 주고 싶다. 사람 사는 세상은 어디나 비슷하지만, 생각과 행동의 미세한 차이가 더 행복하고 아름다운 세상을 만들 수 있다는 것을 배울 수 있는 고맙고 귀중한 시간이었다. 여행이 끝나고 "나 자신을 위해 정말 좋은 선물을 했구나"라고 느낄 수 있어서 참 좋았다. 지금 생각하면 내 인생에서 가장 잘한 결정 중 하나라고 생각된다.

"여행은 언제나 돈의 문제가 아니라 용기의 문제다"라고 한 '파울로 코엘료'처럼 사실 나도 처음으로 떠나는 순례길이 두렵고 염려가 많이 되었다. 특히, 오랫동안 먼 길을 걸어야 하는 험난한 곳이라 더 망설여지기도 했다. 그러나 나는 지금이 아니면 영영 갈 수 없을 것 같다는 생각이 들었다. 결과적으로 그때 가지 않았다면 지구상에 유례없는 COVID-19 바이러스 확산으로 언제 갈 수 있을지 미지수다. 새로운 만남과 낯섦은 언제나 두려움과 기대가 교차하기도 하지만 때로는 실망도 한다. 나는 그 실망조차도 즐기고 싶었다. 좀 실망하면 어쩌랴.

순례길에서 걱정거리는 아니지만 가장 궁금한 내용 중 하나는 숙소인데 내가 매일매일 묵었던 알베르게를 소개하였다. 어떤 재미 교포 부부는 전체 일정의 호스텔을 예약하고 오신 분도 있었다. 그러나 숙소는 전혀 걱정하지 않아도 자연스럽게 구해진다. 어디 간들 내 한 몸 누일 곳 하나 없겠는가.

오랫동안 집을 비우며 혼자서 여행하는데도 응원을 아끼지 않은 우리 가족과 순례길에 동행한 강성숙 선배, 그리고 이 책을 쓰는 데 많은 도움을 주신 구수옥 작가님께 특별히 감사를 드린다.

김수진

산티아고 순례길이란?

천 년이 넘게 이어 온 순례길은 스페인 '산티아고 데 콤포스텔라'에 있는 성 야고보의 무덤을 찾아가는 길이다. 야고보는 예수님의 대표적인 세 제자(베드로, 요한, 야고보) 중 한 사람으로 신약 성서의 저자인 요한의 형으로 베드로와 같은 어부였다. 야고보는 이베리아반도로 세 번이나 와서 갈리시아 지방과 지금의 사라고사에서 선교 활동을 하였으나 큰 성과를 거두지 못하고 예루살렘으로 돌아갔다. 그는 AD 44년 빠스카 축일 전날, 헤롯왕 아그리파 1세에 의해 참수되어 예수의 열두 제자 중에서 처음으로 순교하였다. 그래서 사도 성 야고보는 복음을 전파하는 사람 즉, 신앙의 수호자로 존경을 받았다.

시신은 후에 제자들에 의해서 산티아고에서 16km 떨어진 스페인 파드론(Padrón) 근처로 옮겨져 갈리시아 들판에 묻혔으나 찾을 길이 없었다. 그러던 중 AD 813년에 은둔 수도사 펠라요가 들판 위에서 신비롭게 빛나는 별빛을 따라가서 야고보의 무덤을 발견하였다. 그 후 이베리아반도 최후의 전투인 클라비호(Clavijo)에서 야고보가 말을 탄 기사로 발현하여, 거의 다 질 뻔한 싸움에서 이슬람군을 무찌르는 기적이 일어났다. 그래서 야고보를 스페인의 수호성인으로 모시게 되었다. 성 야고보와 두 제자의 유해는 지금의 자리로 옮겨졌고, 당시의 국왕 알폰소 2세는 그 무덤 위에 150년에 걸쳐서 대성전을 짓도록 하고, 이 도시를 '산티아고 데 콤포스텔라' 즉, '별이 쏟아지는 성 야고보'로 불렀다.

    산티아고는 야고보의 스페인식 이름이다. 그가 말을 탄 기사로 발현하는 조각상이 부르고스 대성당에 있다. 또한, 그의 두 제자의 유해는 산티아고 데 콤포스텔라 대성당 지하에 야고보와 함께 안치되어 있으며, 그의 황금 조각상도 대성당 내에 있다. 그 후 산티아고 데 콤포스텔라는 성지로 알려져 유럽에서부터 야고보를 참배하기 위해 걷기 행렬이 시작되고, 이 길은 '카미노 데 산티아고'로 불렸다.

    성지로 향하는 여러 갈래로 길이 생겼는데 프랑스 길을 제외하고는 레콩키스타[1] 이후 생긴 길로 가톨릭에서는 프랑스 길만이 유일하게 영적인 길로 인정받고 있다. 발길이 뜸했던 순례길은 1982년 교황 바오로 2세가 '산티아고 콤포스텔라 대성당'을 방문하고, EU가 유럽의 문화유산으로 지정하면서 다시 관심을 끌기 시작했다. 또 파울로 코엘료의 순례길 체험기인 《순례자》(1987)와 《연금술사》(1988)가 나오면서 세계인들이 몰려오기 시작했다.

    산티아고 데 콤포스텔라로 향하는 야고보의 길은 영국 캔터베리에서 로마까지의 '프란치제나 길(Via Francigena)', 예루살렘으로 가는 순례길과 함께 가톨릭의 3대 순례길이라고 한다.

    산티아고 순례길은 유럽의 각지에서 출발하는 약 16개의 길이 있지만, 프랑스 길 순례자가 약 70~80%인데 이 중 40%가 7~8월 두 달간 찾는다고 한다. 프랑스 길은 사람과 날씨에 따라서 다르지만, 생장 피에드 포

---

[1] 레콩키스타(Reconquista): 8세기 초 이베리아반도 대부분을 점령했던 이슬람 세력들로부터 영토를 되찾기 위해 중세 스페인과 포르투갈의 가톨릭 왕국들이 벌인 일명 국토회복운동이다.

르에서 출발하여 산티아고 데 콤포스텔라까지 약 30~40일 걸린다.

  카미노는 환상이 아닌 날것 그 자체다. 계획 없이 하느님에게 모든 것을 맡기고 그분의 뜻대로 걷는 것이다. 순례자는 자신의 육체적인 한계를 받아들여야 한다. 카미노를 걷다 보면 나의 성격, 본능이 적나라하게 드러난다. 카미노를 걸을 때 배낭의 무게와 걷는 거리는 반비례한다는 것을 명심하라. 그리고 인생의 순례길에서 삶의 배낭에 무엇을 넣어 가야 할지를 생각해 보라.

  [몸의 길]   생장 피에드 포르~부르고스
              내 몸만 생각하며 몸으로 걷기 바쁘다.
  [정신의 길]   부르고스~라바날 델 카미노
              지친 몸을 지탱해 주는 정신이 필요하다.
  [영혼의 길]   라바날 델 카미노~산티아고 콤포스텔라
              어떤 길인지 알게 된다.

  나는 순례길을 걷기 전에 스페인, 모로코 그리고 포르투갈을 약 한 달 반 동안 배낭여행을 하고 포르투갈 포르투에서 시작하여 포르투갈 길을 10일 걸었다. 그리고 일주일 후 프랑스 길은 루르드 성지에서 3일간 있으면서 마음의 준비를 하고, 생장 피에드 포르에서 출발하여 32일을 걸었다. 프랑스 길을 걷는 중간에 빌바오의 구겐하임 미술관을 가기 위해 부르고스 1일, 라바날 수도원 입소 2일, 피스테라와 묵시아 1일, 콤포스텔라 2일, 마드리드 2일이 추가되어 귀국까지 41박 42일이 걸렸다. (라바날 베네딕도 수도회의 인영균 신부님의 강의 내용을 일부 참조하였음을 첨언한다.)

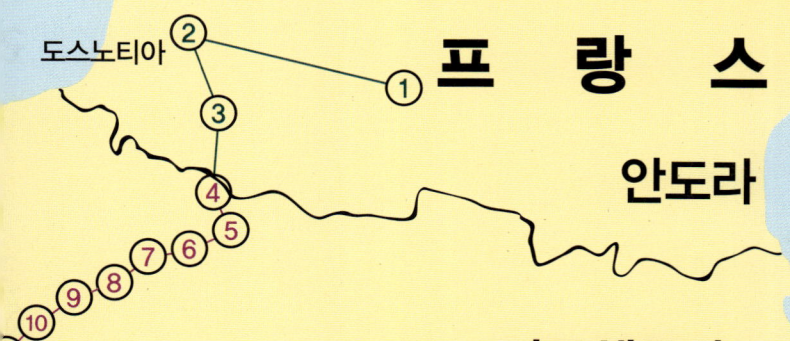

1	루르드	21	베르시아노스 델 레알 카미노
2	바욘	22	만시야 데 라스 물라스
3	생장 피에드 포르	23	레온
4	론세스바예스	24	산 마르틴 델 카미노
5	수비리	25	아스토르가
6	팜플로나	26	라바날 델 카미노
7	푸엔테 라 레이나	27	폰페라다
8	아예기	28	비야프랑카 델 비에르소
9	로스 아르코스	29	라 라구나 데 카스티야
10	로그로뇨	30	오세브레이로
11	나헤라	31	트리아카스텔라
12	산토 도밍고 데 라 칼사다	32	사리아
13	벨로라도	33	포르토마린
14	아헤스	34	팔라스 데 레이
15	부르고스	35	아르수아
16	빌바오	36	라바코야
17	온타나스	37	산티아고 데 콤포스텔라
18	보아디야 델 카미노	38	피스테라
19	카리온 데 로스 콘데스	39	묵시아
20	모라티노스		

Contents

	Prologue	3
	산티아고 순례길이란?	5

Chapter 1
마음의 준비

	Day -3 루르드(Lourdes) 성지	18
	Day -2 로사리오 대성당	19
	Day -1 마사비엘 동굴	20

Chapter 2
몸의 길

	Day 0 루르드~생장 피에드 포르	26
	Day 1 생장 피에드 포르~론세스바예스(25.6km)	32
	Day 2 론세스바예스~수비리(21.5km)	52
	Day 3 수비리~팜플로나(20.3km)	56
	Day 4 팜플로나~푸엔테 라 레이나(24.8km)	64
	Day 5 푸엔테 라 레이나~아예기(24.9km)	75
	Day 6 아예기~로스 아르코스(24.4km)	87
	Day 7 로스 아르코스~로그로뇨(28.1km)	94
	Day 8 로그로뇨~나헤라(29.6km)	104
	Day 9 나헤라~산토 도밍고 데 라 칼사다(20.7km)	114
	Day 10 산토 도밍고 데 라 칼사다~벨로라도(23.9km)	122
	Day 11 벨로라도~아헤스(27.4km)	134
	Day 12 아헤스~부르고스(23.0km)	143
	Day 13 부르고스~빌바오~부르고스	152

Chapter 3
정신의 길

Day 14 부르고스~온타나스(31.1km)	158
Day 15 온타나스~보아디야 델 카미노(28.5km)	170
Day 16 보아디야 델 카미노	
~카리온 데 로스 콘데스(24.6km)	182
Day 17 카리온 데 로스 콘데스	
~모라티노스(29.9km)	187
Day 18 모라티노스	
~베르시아노스 델 레알 카미노(19.7km)	194
Day 19 베르시아노스 델 레알 카미노	
~만시야 데 라스 물라스(26.8km)	202
Day 20 만시야 데 라스 물라스~레온(18.1km)	211
Day 21 레온~산 마르틴 델 카미노(25.8km)	226
Day 22 산 마르틴 델 카미노	
~아스토르가(24.08km)	233
Day 23 아스토르가~라바날 델 카미노(21.4km)	246
Day 24~25 이라고 수도원	255

Chapter 4
영혼의 길

Day 26 라바날 델 카미노~폰페라다(33.3km)	262
Day 27 폰페라다 ~비야프랑카 델 비에르소(24.1km)	276
Day 28 비야프랑카 델 비에르소 ~라 라구나 데 카스티야(25.9km)	287
Day 29 라 라구나 데 카스티야 ~트리아카스텔라(23.6km)	295
Day 30 트리아카스텔라~사리아(24.8km)	309
Day 31 사리아~포르토마린(22.4km)	320
Day 32 포르토마린~팔라스 데 레이(25.0km)	329
Day 33 팔라스 데 레이~아르수아(26.4km)	335
Day 34 아르수아~라바코야(28.7km)	340
Day 35 라바코야 ~산티아고 데 콤포스텔라(10.5km)	346
Day 36 산티아고 데 콤포스텔라 2일 (Fisterra, Muxia)	362
Day 37 산티아고 데 콤포스텔라 3일	377
Day 38 콤포스텔라를 떠나며	388
순례길을 떠나려는 사람에게	390
순례길 준비요령	392
참고 도서	399

Chapter 01

마음의 준비

　프랑스 길을 갈 때 대부분 프랑스 파리에서 바욘을 거쳐 생장 피에드 포르로 간다. 나는 세계 3대 성지인 루르드로 가서 마음의 준비를 하고 가기로 했다. 파리 드골공항에 내려서 지하철로 갈아타고 오를리공항으로 갔다. 그러나 항공사의 오버부킹으로 루르드로 바로 가지 못하고, 항공편으로 툴루즈로 가서 버스와 택시를 이용하여 루르드의 숙소에 다음 날 새벽 1시에 도착했다. 다행히 수녀회에서 운영하는 호스텔이어서 미리 연락을 드렸더니 원장 수녀님이 그때까지 자지 않고 기다려 주셨다. 귀국 후 항공사(Airfrance)에 클레임을 제기하여 항공요금의 3배를 보상받았지만, 너무나 황당하고 불쾌하였다. 그렇지만 여행은 예기치 못한 사건에서 시작된다고 하지 않았는가. 생각지도 못하게 일이 꼬이기도 하고 의외로 일이 술술 잘 풀리기도 하는 것이 여행이 아니겠는가.

Foyer Familial
Soeurs Dominicaines Présentation

- 프리젠테이션 도미니카
  수녀 공동체가 운영
- 객실은 싱글, 더블, 가족실이 있다.
  내가 묵은 트윈룸은 화장실 겸 샤워실이 공용이다.
- 숙식비
  ① 하프보드 요금(저녁 및 조식 포함)
    1인당 34€
  ② 풀 보드 요금(점심 추가)
    1인당 42€
- 아침 식사는 토스트와 수프로 양이 적다.
- 점심은 개별 매식 추천
- 루르드 역 1~2분 거리
- 성지까지 도보 10~15분

Day -3

루르드(Lourdes) 성지

프랑스 피레네산맥 북쪽 산기슭 작은 마을, 루르드
로마 교황청에서 인정한 세계 3대 성모 발현지 중 하나다.
인구 1만 5,000명에 매년 방문자가 600만 명이 넘어 파리 다음으로 호텔이 많다.

동굴 성당(Massabielle)에서 새벽 미사를 드리고, 기적의 샘물에 침수하고 몸과 마음을 깨끗이 정화하며 순례를 준비한다. 또 매일 오후 5시에 성 비오 10세 지하 대성당에서 '성체강복' 예식이 있고, 밤 8시 30분 성모 발현 동굴에서 로사리오 대성당까지 촛불을 들고 묵주기도를 바치는 예식이 거행된다. 이번 순례는 내가 나에게 주는 선물이다.

Day -2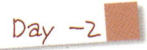

로사리오 대성당
(Basilique Notre-Dame-du-Rosaire)

성모님의 말씀대로
성모마리아가 발현한
동굴 위에 지은 교회

그리고
황금색 '천상 모후의 관'
로사리오 대성당

Day -1
마사비엘 동굴
(Grotte de Massabielle)

　1858년 2월 11일에서 7월 16일 사이 소녀 베르나데트 수비루(Bernadette Soubirous)가 마사비엘 동굴에서 여러 번 성모 마리아의 발현을 목격, 1862년 교황청이 성모 발현지로 공인하였다. 24시간 촛불 봉헌을 하고, 매일 6개 국어로 미사를 드린다.
　베르나데트는 자라서 수녀가 되고 35세로 임종하시어 사후에 성녀로 시성되었다.

성모 마리아께서
임마쿨라타(Immaculáta Concéptîo)[2]

14살 소녀 베르나데트 수비루에게
18회나 발현하시어 말씀하시다.

'회개하라!
성당을 세워라!
샘물을 마시고 씻어라!'

그대로 이루어지도다.

침수처(Piscines du Sanctuaire de Lourdes)

매년 약 35만 명의 순례자가 찾아와서 물에 침수를 한다.

----

2 임마쿨라타(Immaculáta Concéptîo): 가톨릭에서 성모마리아의 원죄 없으신 잉태를 말하는 라틴어이다.

성 비오 10세 대성당(Basilique Saint Pie X)

 루르드 성모 발현 100주년을 기념해 1958년 3월 25일 베르나데트를 성녀로 인정한 교황 비오 10세의 이름을 따서 지은 지하 대성당이다. 그리스도의 상징인 물고기 모양으로 설계된 내부에는 지주나 기둥 없이 길이 201m, 폭 81m로 약 2만 7,000여 명을 동시에 수용할 수 있다. 매일 오후 5시에 성체 행렬에 이은 성체강복이 있으며, 일요일 오전에는 각국의 성직자들이 함께하는 국제 미사가 봉헌된다.

Chapter 02
몸의 길

생장 피에드 포르에서 부르고스까지는 몸으로 걷는 길이다.
첫날부터 1,500m나 되는 피레네산맥을 넘어야 한다.
오직 내 몸만 생각하며 몸으로 걷기 바쁘다.

Day 0

루르드~생장 피에드 포르(Saint Jean Pied de Port)

오늘 루르드 역에서 기차를 타고 파리에서 오는 순례자들과 같이 바욘 역에서 기차를 갈아타야 하는데 열차 사고로 바욘 역에서 임시버스 편으로 16시쯤 생장에 도착했다. 여행이란 항상 변수가 있고, 우리는 그것을 받아들여야 한다.

기차 Loudres 12:26~Bayon 14:04(€10),
Bayon 14:52~St. Jean 15:50(€7.6)

출발지, 생장 피에드 포르에 도착 후 노트르담 게이트를 지나 작은 언덕길에 있는 순례자 사무소에서 순례자 여권인 '크레덴시알'(Credencial del Peregrino, € 2)을 받는다.

알베르게에 배낭을 내려놓고 생장성(城)에 올라 시내를 내려다보니 전원풍의 아름다운 마을이다.

일요일이어서 식당과 상점들이 문을 열지 않거나 일찍 문을 닫았다. 겨우 문 열린 식당을 찾아 저녁을 먹고, 노트르담 성당(Notre-Dame du Bout du Pont Church)에서 기도를 올린다. 이제 마을은 폭풍 전야와 같이 고요한 밤이다.

나도 알베르게로 돌아와 잠을 청한다. 내일 아침이면 고요히 흐르는 니브 강의 고대 로마 다리를 건너 순례가 시작된다. 나의 오랜 버킷 리스트가 실현되는 순간이다.

생장성(城)에서 내려다본 생장 피에드 포르 마을

알베르게

첫날 가장 궁금했던 잠자리
씨따델르가 55호 지자체 운영 공립 알베르게
(Albergue Municipal St. Jean Pied de Port)
– 침대 32개, €7(€1=₩1,350)

나는 다행히도 하나뿐인 독방(€30/ 2인)에서 동행자와 편히 자는 행운을 얻었다. 그러나 1,000년이 넘는 시간 동안 숱한 사람들이 걸어온 길이 나를 기다리고 있다고 생각하니 첫날 밤 설렘으로 잠을 설쳤다.

오래된 로마 다리(Vieux Pont)

동키 서비스

동키 서비스는 우리나라 사람들에게 통용되는 용어로 오래전 자동차가 없을 때 당나귀가 짐을 옮겨서 유래되었다고 한다. 원래는 노약자, 장애인을 위해서 무거운 배낭을 대신 운송해 주는 제도였다. 스페인어로는 Transporte de Mochila(영어로는 Transport Service)라고 한다.

요즘은 일반인들도 많이 이용하는데 특히, 한국인들이 너무 많이 이용하고, 젊은이들까지 즐겨 이용하여 비난의 대상이 되기도 했다. 나는 첫날 피레네산맥을 넘는 힘든 코스나, 몸 컨디션이 안 좋을 때 세 번 정도 이용했다. 이용객이 늘다 보니 요즘은 가격이 조금씩 올라서 최대 30kg을 기준으로 생장 출발 때는 €7, 5일 정도 지나면 €5로 산티아고가 가까워질수록 낮아져 사리아부터는 €3로 내려간다. 무게가 초과하면 €2가 추가된다. 운송회사도 Jacotrans, Mochila 등 요즘은 우체국(Correos)까지도 뛰어들어 4~5개 회사가 있다.

이용 방법
1. 알베르게 호스피탈레로에게 동키 서비스를 이용하겠다고 하면 봉투를 준다. 대부분 알베르게는 이미 봉투가 비치되어 있어 자기가 이용하고 싶은 회사를 선정하면 된다. 단, 생장에서는 순례자 사무소에 봉투가 비치되어 있다.

2. 봉투에 이름(Nombre), 전화번호(TeléFon), 목적지(Destino)를 적는다. 미리 정한 숙소가 없거나 모르면 목적지 아무 알베르게나 적어도 되지만, 동키를 이용할 때는 미리 알베르게를 정하는 것이 좋다. 도착해서 알베르게가 마음에 들지 않거나 자리가 없으면 다른 곳으로 옮겨도 된다.

3. 다음 날 아침 지정된 장소에 배낭을 두면 운송회사가 목적지까지 자동차로 옮겨 준다. 보통 오전 8시 전까지는 배낭을 내놓아야 한다.

4. 순례 중 다쳤거나 몸 상태가 좋지 않을 때, 또는 순례길 안내표를 보고 고도가 아주 높거나 경사가 심해서 위험할 경우 이용하면 유용하다.

5. 동키 이용 시 간식과 물, 여벌 옷, 비상약, 우비 등을 넣을 보조 Bag을 준비하는 게 좋다.

Day 1

생장 피에드 포르~론세스바예스(25.6km)

  전체 순례길에서 가장 힘든 구간이지만 날씨가 좋다면, 경치 또한 가장 황홀하여 힘든 줄 모르고 걸을 수 있다. 다만, 처음에는 천천히 걸으면서 컨디션 조절을 하는 것이 좋다.

카미노 대장정의 첫출발!
이 설렘 어디에 비교할까?
나는 새로 태어난 아기처럼 순수한 마음으로
야고보를 만나러 길을 떠난다.

혼자 걷는 이유

어제 걷던 이가 오늘은 길에 없고
오늘 보이던 이가 내일이면 안 보이는
산티아고 순례길

이 길을 혼자서 걷는 것은
지난날의 걱정거리를 배낭에 짊어지고
저 피레네산맥 너머에 훌훌 털어 버리고
나를 찾아 떠나기 위함이다.

피레네산맥을 넘다

　나폴레옹이 스페인 침략 때 이 산맥을 넘어서 일명 '나폴레옹 루트'라고 하며 프랑스와 스페인의 국경을 이루는 거대한 산인 피레네산맥을 올라서 다음 목적지 론세스바예스까지 25.6km지만, 경사로를 감안한 실제 거리 32.0km, 7~9시간 정도 소요되며 최고봉 레푀데르 언덕(Col de Lepoeder 1,450m)을 넘어야 한다.

　오르기 전에는 두려움의 대상이고
　오르는 동안은 고통과 환희가 교차하며
　오르고 난 후에는 어려운 시험을 통과한 것 같은
　짜릿한 기쁨을 맛보게 되는 내 생애 가장 오래도록 기억될, 추억의 보고(寶車)다.

병목 현상

출근길에
교통체증이 빚어진다.
병목현상 때문이다.

뒤처지면
양치기 견(犬) 보더콜리가
뒷다리를 살짝 문다.

매일 아침, 저녁으로 치러질 이 광경

우리나라 같으면 벌써 길을 넓혔을 텐데
주인은 그럴 생각이 없나 보다.

동트는 새 아침

밤과 낮이 바뀌는 순간
빛이 천천히 계조를 이루고
마침내 하늘이 통째로 물든다.

태양은 자기의 일상을 했을 뿐인데
양들도 새로운 아침을 맞고
나도 하루를 힘차게 시작한다.

평화롭고 신비로운 선물 같은 아침 풍경
정말 오길 잘했다.

피레네 산속에 빨간 지붕을 가진 그림 같은 집이 있다.
보이는 풍경만큼 그 속에 사는 사람도 행복했으면 좋겠다.

아침 해가 안개를 서서히 산허리로 밀어 올리니 연극무대의 막을 여는 것처럼 피레네의 감추어졌던 풍경이 펼쳐진다.

오리송(Orisson)

해발 1,000m

피레네산맥에서 마지막 안식처

지그재그 길을 돌고 돌아

산모퉁이에 숨어 있는 너를 발견

순례길의 첫 세요(Sello)도 받고

아침 식사도 하고

마실 물도 채우고

다시 한번 마음을 다진다.

1. Gite Kayola: bed 12개, €15(식사 없이 투숙만 가능)
2. Refuge Auberge Orisson: bed 28개, €40(아침과 저녁 포함), 샌드위치 €4~5, 현금만 받고 신용카드는 사용 불가

고갯마루

한 걸음씩 걷다 보니
어느덧 고갯마루가 보인다.

우리 인생도
한 계단씩 가다 보면 목표에 도달하리라.

기차가 달리듯이 빨리빨리보다는
우마차처럼 천천히 걷자.

편도 길에서는 갈 때 보지 못하면 영영 못 본다.
순례길도 편도고, 인생길도 편도다.

오리송 휴게소를 지나 고개에 오르니
'비야꼬레 성모상'이 아기 예수를 안고
피레네산맥을 오르는 순례자들에게 말씀하신다.

"걱정하지 마라,
그대들의 가는 길에 예수님의 가호가 있을 것이니."
순례길은 혼자가 아님을 절실하게 느낀다.

여기서는,
하늘도 땅도 둥글다
하늘을 보다가
구름에 취했다
구름도 쉬어 가는
이곳에서
한없이 오랫동안
머물고 싶다.

십자가(Cruceiro)

피레네산맥의
자동차 길이 끝날 즈음
만나는 십자가.

얼마나 많은 사람이
무사 순례를 빌고 갔을까?

나도 예외가 될 수 없어
빌고 또 빈다.
정성을 다하여.

저 멀리 보이는 희미한 물체, 뭘까? 반갑게도 이동식 푸드 트럭이다.
피레네산맥을 넘기 전 마지막 충전을 할 기회다.
햇살 좋은 맨바닥에 앉아 따뜻한 커피와 함께 준비한 빵과 과일로
점심을 먹는다. 주인장, 그대가 예수다.

나무 한 그루 없는 초원에 하얀 말뚝 하나,
스페인과 프랑스의 국경(Frontera)이라는데
사람과 사람 사이에는
말뚝마저 없이 새처럼 자유로웠으면 좋겠다.

양버즘나무

인간들이 마련한 작은 화살표를 안고
순례자를 바른길로 인도하기 위해
눈이 오나, 비가 오나,
그 자리를 지키고 있는 양버즘나무
그대의 은혜를 어떻게 갚아야 할까?

오두막집

오늘은 맑은 날

때로는
자연이 역정을 낼 때
저 작은 오두막이
생명의 피난처가 되리라

내 안에도 작은 안식처를
하나 짓고 싶다.

나빌레라

긴 한삼(汗衫)을 활짝 젖히며 승무를 추듯이
날아갈 듯한 구름이 사뿐히 내려앉는다.
하늘을 보는 맛이 참 좋다.

파란 하늘, 이렇게 좋은 날이면
구름도, 앙상한 겨울나무도 함께 춤을 춘다.
나도 춤판에 가세해 볼까?

그린비

길버트 형!
그대, 어쩌다 이 먼 길을 왔소
그대, 어쩌다 그 먼 길을 갔소

그린비[3]
그대를 사랑하는 가족과 함께
나도 그대를 사랑하고 싶소

---

3   그린비: 그리운 남자의 순우리말이다.

고맙소

천년의 세월을 한결같이
회색빛 유니폼을 입고
순례자를 맞이하는 그대들

반겨 주는 이 하나 없는
이 피레네 골짜기에서
고맙고 또, 고맙소!

레푀데르 전망대

1,450m 콜 데 레푀데르(Col de Lepoeder) 전망대

팔랑개비 아래 전망대에 서니 '롤랑의 노래'로 유명한 론세스바예스의 수도원 지붕이 희망으로 보인다.

산 정상 아래에는
숨이 깔딱깔딱한다고 하는
깔딱고개가 있다.

너도밤나무, 개암나무
사열을 받으며 오른다.

나도 긴 인생의 깔딱고개를
몇 고비나 넘어왔던가.

하산 길

길도 터 주고

햇볕도 막아 주고

키 큰 그대 곁을

걸어만 가도

이 마음 키가 자라네

론세스바예스(Roncesvalles)

Albergue de Peregrinos de Roncesvalles

- 산타마리아 성당에서 운영하는 스페인 첫 알베르게[4]
- 론세스바예스 수도원을 리모델링하여 시설이 좋다.
  침대 183개, €12, 저녁식사(순례자 메뉴 €10)
- 대규모 알베르게로 특히 도난에 주의할 것, 알베르게에 익숙하지 않고, 힘든 피레네산맥을 넘었다는 흥분으로 긴장감이 풀어지기 쉽고, 드물게 보는 대형 숙소로 도난 사고를 주의하라는 경고 방송이 여러 차례 나온다.
- 다음 날 알베르게에서 2.5km 정도 걸어가면 아침식사를 할 수 있는 카페가 있다. 그다음 카페는 5.6km 더 가야 한다.

---

[4] 여기서 순례자 여권을 발급받을 수도 있다.

Day 2
론세스바예스~수비리 (21.5km)

오늘은 4월 30일, 날씨가 화창하고 좋다. 론세스바예스에서 꿈같은 밤을 보내고 수비리를 향해서 출발한다. 6시가 좀 넘은 시간인데도 안개로 인해 길이 희미하게 보인다. 론세스바예스가 해발 950m고 수비리는 200m여서 내리막길이 많아 발에 무리가 가지 않도록 조심해야 한다.

Iglesia de San Nicolás de Bari(1718년), Burguete

프랑스의 낭만파 작가 빅토르 위고와 미국의 노벨문학상 수상자인 소설가 어니스트 헤밍웨이가 가끔 머물며 휴식과 낚시를 즐겼던 나바르 전통 마을 '부르게테'. 그들이 이 평범한 시골 마을을 좋아했던 이유가 무엇일까?

오늘은 말과 양 떼들이 한가롭게 초원에서 풀을 뜯는 전형적인 산골 마을을 지난다. 상쾌한 공기를 마시며 평화로운 시골길을 걸으니 근심 걱정이 다 사라진다.

에스피날에 오니 맞배지붕의 하얀 바르톨로메 교회(Parroquia de san bartolomé)가 앙증맞다. 오늘은 한국 대학생을 만났다. 서울의 모 대학을 휴학하고 어학연수 대신 지금 이 길을 걷고 있단다. 그들이 너무 부럽고 대견스럽다.

라비아 다리(Puente de la Rabia)

르가 강가에 놓인 중세풍의 다리로 恐水病(Rabia)에 걸린 동물을 데리고 가운데 아치 주위를 세 번 돌면 병이 낫는다는 전설로 이런 이름이 붙었다.

더위에 지친 걸까? 혹시 전날 밤에 옆 사람의 코골이로 잠을 못 잔 것일까? 꿀맛 같은 낮잠을 자고는 다시 힘을 내어 완주하길 바라는 마음이다.

수비리(Zubiri)

Albergue Zaldiko
- Bed 24개, €10,

수비리는 인구 1,000명도 안 되는 작은 마을에 알베르게가 6개나 되지만, 소규모여서 모두 합쳐도 론세스바예스 알베르게 하나보다도 적다. 공립(Alb. Municipal de Zubiri)은 침대가 44개밖에 안 되고 비용도 €8나 한다. 가능하면 사전에 예약하는 것이 좋다.

수비리는
얕은 냇가가 있어서
발을 담그고 쉬기 좋다.

일찍 도착한 순례자가
물가 옆 잔디밭에서
여유롭게
독서를 즐기고 있다.

Day 3
수비리~팜플로나(20.3km)

강을 따라서 걷는 조용한 시골길에 강둑의 나무들로 그늘도 있다. 오늘도 여전히 말과 양들을 많이 볼 수 있다.

스페인의 3대 종족
마드리드를 중심으로 카스티야
바르셀로나를 중심으로 카탈루냐
빌바오를 중심으로 바스크

이 중 테러도 불사하는 강력한 분리주의자 바스크족,
피레네산맥의 끝자락에 팜플로나(Pamplona) 왕국을 세웠다.

여기에 한글이 보인다. 국력일까? 잘못된 만남일까?

 아침을 먹기 위해 카페에 들렸다. 다소 쌀쌀하지만, 야외 의자에 앉아 커피를 마시며 맞은편 언덕을 쳐다보니 온통 노란색 꽃밭이다. 산 중턱까지 유채 밭으로 되어 있어 봄 내음이 물씬 난다.

도둑들의 다리 (Puente del Siglo XIV)

중세시대 라라소아냐 마을에 들어서는 가난한 순례자들의 주머니를 노리는 도둑과 강도들이 숨어 지내던 다리였지만 지금은 아름다운 풍경만이 순례자를 기다린다.

좁은 골목길, 지붕도 없는 빈 건물인 옛 마구간 자리에 차린 노천카페에서 흰 수염이 덥수룩한 노인이 한국말로 인사를 한다.

"안녕하세요."

그 한마디에 친구가 되어 과일과 음료수를 사고 카미노 스탬프(Sello)도 받는다. 한국 산악인에게서 한국말을 배웠다고 한다. 그는 2002년 히말라야 8,000봉을 오른 알피니스트다.

팜플로나 성벽

중세 팜플로나로 가는 관문인 막달레나 다리(Puente de la magdalena)

16세기 펠리페 2세가 건설한 팜플로나 성벽

    성벽 입구 문은 수말라카레히 문(Portal de Zumalacarregi)으로 중세 이후로 프랑스에서 오는 순례자들에게 문을 열어 두었다고 하여 프랑스 문(Portal de Francia)이라고도 한다.

팜플로나(Pamplona)

팜플로나 외곽 성벽을 따라 '프랑스 문'을 지나 팜플로나에 들어서니 5월 1일 노동절(May Day) 축제가 한창이다. 시내에는 많은 사람이 축제를 즐기느라 식당이나 카페는 만원이고, 거리에는 음악 소리를 울리며 행진하는 무리도 보였다.

헤밍웨이의 소설 《태양은 다시 떠오른다》의 배경이 된 도시이며 옛 나바라 왕국의 수도였던 팜플로나

매년 7월 6일 바로크 양식의 시청사 발코니에서 팜플로나 시장이 수호성인 '산 페르민'을 추모하는 '산 페르민 축제'의 시작을 알린다.

팜플로나 대성당

Catedral de Santa María la Real de Pamplona

고딕의 성스러운 수직으로
왕과 왕비의 주검을 품은

골목을 헤치고 가야
마주 서게 되는

산타마리아께 봉헌된
팜플로나 대성당.

그 은은한 종소리가
하늘도 땅도 순례자의 마음도
일렁이게 하는 그곳.

카스티요 광장(Plaza del Castillo)

　팜플로나를 여덟 번이나 찾았다는 헤밍웨이, 그가 소설《태양은 다시 떠오른다》를 쓸 때 자주 찾았다는 카스티요 광장과 이루나 카페(Café Iruña).

　카스티요 광장은 소몰이 경주(Encierro)의 종착지다. 지금도 노천카페는 언제나 만석이고 광장에는 각종 놀이와 묘기가 한창이다. 나도 로제와인을 한 잔 시켜서 헤밍웨이를 흉내 내 본다.

알베르게

Jesus y maria albergue, Pamplona

예수성심회 수도원에서 운영하는 공립알베르게
헤수스 이 마리아는 도심의 복원된 교회 건물로 걸어서
대성당 1분, 카스티요 광장 4분, 기차역 30분 거리다.
복층 침대 114개, €9, 빨래터와 정원, 식당 그리고
자전거 보관소까지 별도로 있는 좋은 잠자리로
늦으면 자리가 없다.
단, 12월, 1월과 7월 산 페르민 축제 기간에는 문을 닫는다.

Day 4
팜플로나~푸엔테 라 레이나 (24.8km)

5월인데도 비가 온다는 예보로 아침 공기가 제법 쌀쌀하다. 나바라대학교 정문을 지나 플라타너스 가로수 길을 통과하면 전원주택 시수르 마요르 마을이다. 거기서 뒤를 돌아보니 팜플로나의 멋진 경치가 보인다. 그 이후부터는 그늘도 없이 유채꽃과 밀밭 샛길을 따라 용서의 언덕까지 오르막길이다.

페르돈 봉, 용서의 언덕에
오르기 전 마지막 마을,
사르키에기(Zariquiegui)

입구에 아름다운 로마네스크 양식의 아치가 있는 고풍스러운 산 안드레스 성당에서 우러러 사람이 사람을 용서하는 방법을 물어본다.

밀밭과 유채꽃이 끝도 없다. 가끔은 이런 호사도 누린다.

사르키에기(Zariquiegui) 마을을 지나 페르돈 봉을 오르는 길에 저 멀리 풍력발전기가 보인다. 바람 센 저 언덕을 넘지는 않겠지 했는데, 길은 돌고 돌아 기어이 저 산을 넘고 말았다. 내게는 멀게만 느껴졌던 일흔이란 나이가 저녁이 오듯이 어느 순간 내 앞에 서 있다.

페르돈 봉(해발 790m)을 오르기 전,
한 쌍의 일본인 모자(母子)를 만났다.

아버지를 잃은 아들에게 용기를 주기 위해 무거운 배낭을
짊어진 일본 어머니,
아비 잃은 자식 공부시키기 위해 두메산골에서 도회지로
떠났던 나의 어머니,

그런 어머니의 힘은 어디서 나는 것인가?

용서의 언덕(Alto del Perdón)

강철로 만든 중세의 순례자들 모습

용서의 언덕에서 내려가는 두 갈래 길이 있다.
왼쪽은 도보 순례자용, 오른쪽은 바이커용이다.
용서의 언덕을 내려오는 길은 가파른 자갈길이어서
미끄러우니 발을 삐지 않도록 주의해야 한다.

용서의 언덕을 내려온 그녀

누구에게 전화하는 걸까?
용서하는 걸까?
용서 비는 걸까?

어느 쪽이든
그녀는 이미 용서라는
은총을 받은 사람

용서를 받는 방법은
남을 용서하는 것
그 용서는 자신을 위한 것

용서의 전화

They that wait upon the Lord
Shall renew their strength;
They shall mount up with wings
As eagles;
they shall run and not grow weary;
They shall walk and will not faint
Isaiah 40:31

이사야 말씀

용서의 언덕을 내려오니
십자가 옆에 기도문이 있다.

"하느님을 믿고 바라는 사람은
새 힘이 솟아나리라.

날개 쳐 솟아오르는 독수리처럼
아무리 뛰어도 고단하지 아니하고
아무리 걸어도 지치지 아니하리."

나는 그 말씀을 믿습니다.

페르돈 봉을 내려오니 그 앞에 누군가 쌓은 돌탑들이 있다.
그리고 세상에서 가장 아름다운 네 글자 'LOVE',
누구를 위한 사랑의 맹세일까?
돌로 만든 맹세가 가슴속의 맹세보다 더 단단할까?

페르돈 봉 아래 첫 마을 우테르가(Uterga)

바람에 흔들리는 밀밭의 속삭임

무루사발 마을에 오니 대문 고리가 너무 무서워
감히 열 생각을 할 수 없다.

푸엔테 라 레이나(Puente La Reina)

Albergue Padres Reparadores

레파라도레스 신부회에서 운영하는 공립 알베르게
Room 12, Bed 100, €5 1층에 식당이 잘되어 있다.
저녁에 젊은이들이 식당에서 기타 치며 노래를 부르는 등
조금은 소란스러웠다.

알베르게 건너편 마요르 거리(Calle Mayor)에
십자가 성당과 수도원, 산페드로 산티아고 교구 교회,
왕비의 다리, 레스토랑, 슈퍼마켓이 있다.
멋진 레스토랑(Asador el Fogon de Etayo)에서
양고기(Carnero)로 체력을 보충해 보자.

십자가 성당

Iglesia del Crucifijo-Eliza

　14세기부터 이 성당에 'Y'자 모양의 특이한 자세로 웅장한 14세기 고딕 십자가가 보관되어 있다. 목제 십자가상은 독일 순례자들이 그들의 도시에 창궐했던 전염병이 사라진 것에 대한 감사 표시로 들고 순례를 하던 중에 푸엔테 라 레이나에서 십자가가 움직이지 않고 아무도 십자가를 옮길 수가 없어서 이곳에 두기로 하였다고 한다.

　외부는 아름다운 13세기 외관과 중세 시대의 탑이 있고, 성당 내부는 소박하고 독특하게 성당의 제단을 둘로 나누어 좌측에는 성모상을 우측에는 예수상을 모셨다.

왕비의 다리 (Puente la Reina)

　11세기 순례자들의 통행을 위해 아르가 강에 세워진 아치형 다리로 중세 도시 푸엔테 라 레이나를 흐르는 강의 센 물살에 익사한 순례자들의 넋을 위로하고, 순례자들의 안전한 통행을 위해 당시 왕 '산초 엘 마요르'의 부인 '도냐 마요르' 왕비가 세운 카미노 길에서 가장 아름다운 로마네스크 양식의 다리다.
　일명 '왕비의 다리'라고도 불린다. 원래는 7개의 아치가 있는데 보이는 것은 6개뿐이다. 이 다리가 세워진 이후 순례자들이 강을 건너기가 쉬워졌다. 강가 잔디밭에서 따뜻한 햇볕을 쬐면서 잠시 쉬었다 가기 좋다.

Day 5
푸엔테 라 레이나~아예기(24.9km)

조금만 더 쉬고 싶은데 기어이 아침이 오고 말았다. 전날 저녁 하늘에 별이 보였는데 아침 6시가 훌쩍 넘었는데도 잔뜩 구름이 깔려서 어둑어둑하다. 크루시피오 성당과 수도원 사이의 아치 밑을 지나 중세 골목 마요르 카예의 산티아고 성당 앞에서 오늘 하루도 무사한 순례가 되도록 기도 드린다. 오늘은 나무도 별로 없어 쉴 만한 곳이 많지 않은, 완만한 경사를 오르락내리락하는 밀밭과 포도밭을 통과하는 오솔길이 대부분이다. 아예기에 도착하면 알베르게에 배낭을 내려놓고 이라체로 가서 무료로 제공되는 와인을 마실 생각을 하니 발걸음이 가볍다.

마요르 거리(Calle Mayor)

아직 가로등 불빛이 살아 있는
시내 중심가 골목

도시는 아직 잠들어 있지만
순례자는 길을 떠나는 시간

순례자의 발걸음 소리만
중세 골목길을 울린다.

길 위의 인생

이른 아침 궂은 날씨에도 왕비의 다리에 한 걸인이 앉아 있다. 새벽부터 다리 위에서 구걸하는 모습을 보니 걸인 생활도 부지런해야 하나 보다.

어린 시절 내가 다니던 시골 성당의 독일 신부님 사제관 앞에 매일 아침 서 있는 걸인을 보고 화를 주체하지 못하시던 신부님 생각이 난다.

포도밭과 밀밭의 초록이 눈을 즐겁게 하는데 하늘에는 먹구름이 몰려오고 있다. 먹구름은 이내 비를 내려 결국은 우비를 입고 걷는다.

비가 오니 음산한데, 저승사자처럼 검은 비옷을 입은 두 사람이 앞에 걸어간다. 그 모습이 오래전 지인이 임종하는 순간 내가 본 것과 너무나 똑같아서 소름이 돋았다. 비를 맞으며 밀밭 사잇길을 걸어 저 너머 시라우키 마을로 향한다.

터널을 통과하고 좁은 로르카 마을 골목길을 통과하면 푸른 자연과 파란 하늘이 있듯이 인생을 살다 보면 칠흑 같은 어둠 속을 지나면 가로등 같은 희망이 보인다.

스페인 골목에 들어서면 대문마다 문고리에 사람 손목이 있어 깜짝깜짝 놀라곤 한다. 가만히 생각해 보니 환영의 악수를 하기 위해서 손을 내민다는 생각이 든다.

성 베레문도

비야투에르타(Villatuerta) 마을의 13세기 성모 승천 성당 앞마당에 산토 도밍고 데 라 칼사다, 성 후안 데 오르테가와 함께 순례길을 개척하는 데 헌신한 3대 성인 중 한 사람인 성 베레문도(San Veremundo)의 청동상이 있다.

동서고금을 막론하고 많은 동상이 세워지는데
어느 정도 업적을 쌓아야 동상이 세워질까?
그들의 업적을 기리고 감사해야겠지만 그들도 같은 생각일까?

아무튼 지금 이 길을 걷는 나는 그에게 감사를 드리고 싶다.

TARRAGO

비야투에르타 마을에 들어서자
높이 보이는 광고탑 TARRAGO/ MONTBLANC
무슨 뜻인지 궁금했다.

타라고(TARRAGO)는
트레킹 신발용 방수제를 생산하는
세계적인 가죽염색약 전문 브랜드

1940년 Joauim Tarrago에 의해 설립되어
가죽 신발의 방수 제품을 제조하기 시작하였고
이제는 등산화에서 아웃도어 신발(런닝화, 트레킹화 등)까지
스페인 신발의 혁신을 가져왔으며
세계적인 브랜드로 알려지게 되었다.

에스테야

'별이 내리는 마을'

산티아고 콤포스텔라로 가는
별의 길이라는 에스테야에 오니
유채꽃밭에 십자가가 마중을 나왔다.

시원한 냇물을 보기만 해도
땀과 더위가 저절로 식는다.
우리는
가끔 생각만 해도, 보기만 해도,
듣기만 해도 좋은 것들이 있다.

성묘(聖墓) 교회

예수그리스도가 매장되어 있던 예루살렘의 성묘 성당과 유사하게 만들어 과거 나바라 왕이 왕위를 받을 때 선서를 했던 13세기 에스테야 산토 세풀크로 성당

    고딕 양식의 출입구 맨 위에는 예수님
    아래 좌우로 예수님의 12도 사도
    문 위에는 성모마리아와 군사들 그리고 세례자 요한
    문 아래는 최후의 만찬 장면
    문 왼편에는 산티아고,
    문 오른편에는 성 마르틴

    도와줄 분들이 많아 기도하고 싶은데
    지금은 어찌하여 문이 굳게 닫혀 있을까?

성문(城門)

현대와 중세가 공존하는 도시, 에스테야
구도심의 경계에 있는 중세의 문,
'푸에르타 데 카스티야' 성문을 통과하여
고색창연한 중세의 거리를 지나 아예기로 향한다.

이라체 양조장

이라체에는 폐허 직전인 '산타마리아 더 이라체' 수도원(Monastery of Santa Maria de Irache)이 있다. 수도원에 인접한 보데가스 이라체(Bodegas Irache) 와이너리는 나바라에서 가장 오래된 와이너리 중 하나다. 수도원 시대부터 시작된 포도 재배 전통을 이어 가고 있다. 10세기부터 수도사들이 그곳에서 와인을 만들어 순례자들에게도 제공하였다.

요즘도 그 전통을 이어받아 매일 110L의 와인을 순례객들에게 무료로 제공한다. 이라체는 와인의 맛도 좋지만, 변함없이 호의를 베푸는 그 마음이 더 존경스럽다. 방문자는 목을 축일 정도로 적당히 마시고 피로를 풀면 좋겠다.

아예기 (Ayegui)

아예기는 알베르게가 많지 않다. 순례자 대부분은 바로 전 에스테야에서 자고, 다음 날 아침에 이라체를 들렀다 간다. 그러면 긴 줄을 서야 하고, 아침부터 와인을 마시고 걷는 것도 더운 날씨라면 불편할 수 있다.

저녁에 마셔야 피로 회복에도 도움이 된다. 다만, 나바르 왕들의 궁전, 오래된 성당 같은 유적이나 다양한 식당은 에스테야에 많다.

나는 아예기 알베르게에 배낭을 두고 정오가 좀 지나서 10분 거리에 있는 이라체 양조장에 갔더니 사람이 없었다.

이제 순례길도 닷새가 되니 처음에는 두렵던 길이 갈수록 흥미롭고 기대가 된다. 내일은 매력적인 순례자 마을, 로스 아르코스로 떠난다. 새로운 길에 대한 설렘 안고 낯선 잠자리에서 기분 좋게 마신 와인 기운에 달콤한 잠을 청해 본다.

Albergue Municipal San Cipriano de Ayegui

스포츠센터 내에 있는 공립 알베르게, bed 80개, €8, 숙소와 식당은 3층, 주방이 지하에 있어 좀 불편하지만, 엘리베이터를 이용할 수 있다. 건물 1, 2층은 주민 체육관이고 알베르게를 운영하여 체육관 경비에 충당한다고 한다.

Day 6

아예기~로스 아르코스 (24.4km)

날씨는 맑으나 바람이 불어서 기온(9~10도)은 여전히 낮다. 이라체 양조장을 지나가는데 소문대로 긴 줄을 섰다. 오늘도 쾌적한 오솔길이 아름답다. 간식과 물을 챙기는 것이 좋다.

저 높은 곳을 향하여
마치 승리의 월계관 같은 포도나무가
멀리서 교회를 감싸고 있다.

경주(競走)와 같은 인생
스테파노스(Stéphănos)를 쓰고 달려갈
나만의 무릎은 어디에 있을까?

비야마요르 데 몬하르딘 마을
(Villamayor de monjardin)

해발 650m의 높은 지대에 있는 마을로 뒤에는 삼각형의 몬하르딘 산이 있고, 산 정상에는 산 에스테반 성(Castilla de San Esteban de Deyo)이 있다.

마을에는 12세기 건축된 산 안드레스 성당이 있는데 거기에는 '십자가의 팔과 양치기 팔의 전설'이 있다.

전설에 의하면 "산 에스테반 성에서 이슬람인들과 싸움 중, 나바라 왕 '산초가르세스 1세'에게 십자가가 나타났다. 왕은 십자가를 빼앗길까 봐 숨겨 두었는데 레콩키스타 후 다시 찾지를 못했다. 후에 염소가 어떤 가시덤불 앞에서 멈춰 서 있자 목동은 해로운 짐승이 그 안에 있는 것으로 오인하여 돌을 던졌는데, 그 안에 있던 십자가의 한쪽 팔이 부러졌다고 한다.

그래서 목동이 자기 팔도 말라붙게 해 달라고 하여 목동의 팔도 말라붙어 버렸다고 한다. 십자가가 있던 가시덤불 자리에 지금의 성 안드레야 성당으로 불리는 비야마요르 성당을 지었고 신앙심이 돈독한 목동의 팔도 회복되었다고 한다."

길 위의 천사

오늘도 청보리 들판에 서서
바람을 마주하며 걷는데
어디선가 들리는 향기로운 멜로디에
걸음을 멈춘다.

노부부의 바이올린과 아코디언 연주가
순례자의 발걸음을 끌어당기기에 충분하다.
천사가 따로 있나요.
두 분이 천사입니다.

돌 화살표

이정표 없는 길에
누군가 카미노 화살표를 바닥에 만들고
응원의 인사까지 한다.

Buen Camino
부엔 카미노!

빗물에 쓸려 갈까 봐
돌로 만들고 바닥에 새겼다.
그라시아스(Gracias)!

로스 아르코스(Los Arcos)

로스 아르코스 마을

산타마리아 성당

카스티야 문

야고보 십자가

황금성당

　순례길에서는 가는 곳마다 고풍스러운 성당이 있어 구경도 하고, 은총을 받기 위해 가능한 미사 참여를 많이 하였다. 대부분 성당에서는 미사 후 순례자들에게 순례를 무사히 마칠 수 있도록 안수기도를 해 준다. 아르코스의 산타마리아 성당(Church of Santa María) 저녁 8시 미사에 참석했다. 이 성당은 르네상스 시대의 종탑으로 유명하다고 한다. 그런데 성당에 가 보니 성당 안 제대 주변은 온통 황금으로 불을 밝히니 눈이 부실 정도로 빛났다.

　하느님은 사람들의 가슴속에 있다는데, 이렇게 크고 화려한 교회를 지은 것은 왜일까? 하느님에 대한 존경심일까? 인간의 나약함 표시일까? 아니면 힘 있는 성직자의 욕심일까?

이삭 산티아고 알베르게

- 공립 알베르게, Room 4개, bed 72개, €6
- 본관과 신관으로 된 2개의 건물로
  본관 1층은 주방과 식당, 화장실
  2층은 침실과 샤워실 겸 화장실
  그리고 마사지 룸(유료), 신관은 도미토리 룸만 있다.
- 자원봉사자인 호스피탈레로가 관리자이다.
- 두 사람이 같이 가면 반드시 방을 따로 배정한다.
- 일회용 침대 커버 제공(아침에 자발적으로 수거)

Day 7

로스 아르코스~로그로뇨(28.1km)

  오늘과 내일은 경사가 심한 길로 경사도를 고려하면 30km가 넘는 긴 여정이다. 아침 기온이 6도로 손이 시리다. 오늘은 5월 5일 어린이날이다. 두 달 전 내가 여행 중 태어나 아직 얼굴도 보지 못한 외손자가 보고 싶다.
  마을을 벗어나자 거대한 양떼목장에서 양들이 우리를 구경하겠다고 모두 쳐다본다.

첫 번째 동네인 산솔(San sol) 마을

지나가는 곳마다 이렇게 아픈 사연들이 많이 놓여 있다.

기원(祈願)

순례길에서 자주 목격하는
십자가와 등산화
그리고 노란 화살표와 가리비

거기에
소원을 얹은 돌맹이들
얼마나 힘들고 간절했을까?

나도 작은 돌 하나 올리고
그만큼 마음을 내려놓는다.

멋진 S자 오르막길을 넘어가야 한다.

포도밭 뒤 저 멀리에 설산이 보인다.

루시아 별장(Casita Lucia)

내가 보기에는 구멍가게인데
상호가 거창하다.
루시아 별장 가게(BAR).

순례길에서 가판대는 오아시스 같다.

쉴 수 있는 공간이 있고
다른 순례자를 만날 수도 있고
목마름이나 배고픔을 달랠 수 있다.

작은 공간, 큰 기쁨.

비아나(Viana)

사방이 포도밭으로 둘러싸인 언덕 위 작은 마을,
중앙광장 산타마리아 성당에서는 주일미사 중이다.

그 시각 다른 주민들은 건강 마라톤 대회를 하고 있다. 마라톤 코스는 마을 외곽을 몇 바퀴 도는 것이다. 건강도 챙기고 우의도 다지는 일석이조다.
　응원팀도 없고, 플래카드 하나 없어도 열심히 달린다.
　요란하지 않아서 좋다. 우리는 현수막부터 먼저 건다.

산타마리아 성당

Parroquia de la Asunción de Santa María

이 아름다운 교회는 13~14세기 고딕 양식으로 건축되어 16~17세기 증개축을 하였다.

시청 앞 푸에로스 광장의 산타마리아 성당에서는 알베르게(Albergue parroquial de Viana)를 운영하고 있다. 교회 부속 공공 쉼터로 Donation(야간 및 아침 식사 포함), 침대 15개, Wi-fi 없음, 주방 있음, 6~9월 사이 12:00~22:00

로그로뇨(Logroño)

    로그로뇨는 라 리오하의 주도(州都)이며, 인구 15만 명의 대학도시다. 유명한 와인 생산 지역으로 와인의 전 제조과정을 공부할 수가 있다. 중심가인 포르탈레스(Calle Portales)와 메르카도 광장(Plaza del Mercado)의 주변에 식당들이 많이 있다. 유명한 카페 모데르노(Café Moderno)에서 순례자 메뉴(€11)를 주문하니 음료수로 와인, 맥주, 물 중에서 하나를 선택하라고 한다. 레드와인(Vino Tinto)을 주문하였더니 둘이 마셔도 취할 정도로 큰 병이 나온다. 마시다 남으면 가져가도 좋다고 하여 가져온 와인으로 저녁에 반주를 겸했다. 덕분에 오늘은 숙면을 할 수 있었다. 로그로뇨에서 맛 좋은 와인을 실컷 마셔 보자.

산타마리아 데 라 레돈다 대성당

Concatedral de Santa María de la Redonda

15세기 바로크 양식의 두 개의 쌍둥이 타워가 있는
아름다운 성당 안에는 미켈란젤로의 작품이 있다고 한다.

Albergue de peregrinos Municipal Logroño
- 로그로뇨 순례자협회에서 운영하는 공립 알베르게
- Bed 88, €7, 입실 시간 13:00~22:00, 주방 시설 양호
- 순례자 여권과 침낭을 반드시 지참해야 한다.

아름다운 벽화

Day 8

로그로뇨~나헤라(29.6km)

    로그로뇨는 도시가 커서 시내를 벗어나는 데 30분 이상 걸렸다. 스페인은 어디를 가나 공원이 많고 공기가 쾌적해서 좋다. 오늘은 500m가 넘는 봉우리를 2개나 넘어야 한다. 시내를 벗어나 약 30~40분 거리에 그라헤라 호수(La Grajera Reservoir)가 있는데, 시민들은 여기까지 조깅을 하고, 반려견과 산책도 하고, 낚시를 즐긴다.

   그라헤라 봉(540m)을 넘어 고속도로 옆을 나란히 걷다 보면 수백 개의 나무 십자가가 1km도 넘는 철조망 위에 놓여 있다. 나도 하나를 보태고, 무사한 순례를 빈다.

나바레테 마을

해발 560m에 있는 유서 깊은 카미노 마을, 나바레테

리오하 지방의 도시들은 멀리서 보면 비슷비슷하다. 주변에 포도밭이 있고 언덕 위에 마을이 있다. 도시는 교회를 중심으로 마치 솥뚜껑 같은 형태를 하고 있다.

마을 안으로 들어가면 어마어마한 성당들이 여럿 있는데 여기 성모승천 성당(Iglesia Nuestra Señora de la Asunción)도 제단 주변 벽을 황금 부조(浮彫)로 장식하여 화려함과 정교함이 상상을 초월한다. 신앙심이 깊은 것인지?

예수님은 어떻게 생각하실지 궁금하다.

돈 하코보(Don Jacobo) 와이너리

리오하(Rioja) 지방의 보데가 코랄에 있는 120년의 역사를 가진 와이너리로 하코보는 야고보 성인을 뜻해서 일명 '순례자의 와인'으로도 불린다.

나바레테 마을을 지나가다 보면 오래된 묘지(Cementerio)가 있는데, 입구의 화려한 장식은 13세기 작품이라고 한다. 묘지까지 화려하게 장식한 것이 신기해 보였다.

오솔길(Senda)

벤토사를 지나
포도밭 사이로 난
시원한 도로를 가다 보면
여기저기 작은 돌들이 있는
오솔길(Senda)을 지나게 된다.

이 삭막한 길에
이 무더운 날에
돌처럼 단단한 마음으로
걷고 또 걷는다.

버스킹(Busking)

오솔길을 지나 고개를 넘어오니
백발의 중년이
나무 그늘에서
청바지에 카우보이모자를 쓰고
기타를 치며 노래를 부른다.

순례자의 얇은 주머니로
모금용 빨간 베레모는 비어 있어도
하모니카와 기타 소리는 달콤하다.

마드리드 청년

스페인 땅 카미노에서
스페인 순례자를 만나는 것이
쉽지 않다. 마드리드에서 온
스물여섯 청년, 프란치스코

성격 좋고 밝은 얼굴에
나무 지팡이 하나로 걷는다.
앞서거니 뒤서거니 하면서
길동무가 되었다.

식수대

가는 곳마다 중세시대 때 설치한 식수대가 있다.
생명수 같은 물은 순례자에게 목마름과 배고픔
두 가지를 동시에 해결하는 청량제
수도꼭지와 멋진 풍경이 피로까지 녹여 준다.

나헤라(Nájera)

나헤라에 들어서니 벌써 점심때가 훌쩍 지났다. 마침 도시가 시작되는 로터리에 중국집(Sofía)이 있다. 알베르게가 나헤리야 강(Rio Najerilla) 건너에 있어 갔다가 다시 돌아오기에는 거리가 너무 멀다. 중국 식당도 메뉴판이 스페인어만으로 되어 있다. 볶음밥(€5)을 주문했는데 다행히 내 입맛에 잘 맞아서 모처럼 흡족한 식사를 했다.

11~12세기 옛 나바르 왕국의 수도였던 나헤라

이슬람교도의 침략으로 팜플로나가 파괴되자 나헤라로 수도를 옮겨 왔다고 한다. 이렇게 척박한 곳에 수도를 정한 것은 높은 바위 동굴이 있어 요새화하기 좋은 지형 덕분이 아닌가 한다. 땅도 붉은 용암, 산도 붉은 용암으로 나헤리야 강과 붉은 암벽이 도시를 감싸고 있고 벌거숭이 산 위에 철 십자가가 마을을 지키고 있다.

이곳에는 1052년 돈 가르시아 산체스 3세 왕에 의해 설립된 아름다운 수도원(Monastery of Santa María la Real)이 있고 로얄 판테온에는 왕과 왕비 그리고 나바르 기사단의 무덤이 있다.

알베르게

1. Albergue de peregrinos municipal de Nájera
   - bed 90개, Donation(€5), 15시 open(사전 예약 필수)
   - 난간 없는 이층 침대, 샤워장과 주방이 부실하다.
2. Albergue Nido de Cigüeña in Nájera
   - bed 19개, €15, 사립으로 비쌌지만, 시설은 좋았다.
3. Albergue Puerta Turisco, Nájera
   - bed 34개, €10, 4층 건물, 주방과 세탁실이 열악하다.
   - 한국 사람들이 많이 이용한다.

※ 나헤라는 알베르게가 부족하여 예약을 하는 것이 좋다.

Day 9
나헤라~산토 도밍고 데 라 칼사다(20.7km)

레알 성당을 돌아 길을 나서는데 길이 가파르다. 나헤라를 벗어날 때까지 용암으로 형성된 바위는 자주색 고구마 같은 빛깔이다.

마을을 벗어나니 밀밭과 포도밭이 있는 대평원이 보이고 상쾌한 공기와 유채꽃이 맞이한다. 이 맛에 이른 아침 길을 나선다.

여명 (黎明)

    차가운 새벽 공기를 마시며 아침 일찍 길을 나선다. 5월 중순인데도 맞바람으로 추위를 느낀다. 날이 밝아 아침 해가 떠오르면 뽀얀 안개가 장관이다. 아침 안개를 뒤로하고 걸어오는 순례자들이 개선장군 같다. 오늘은 아주 작은 마을로 연결되는 전형적인 농촌 마을을 지나게 되는데 넓은 포도밭과 초원을 마음껏 감상할 수 있다.

실상과 허상

아조프라(Azofra)에 오니 프랑스 순례길을 만드는 데
일생을 바친 '산토 도밍고 데 라 칼사다'의 강철 동상이 있다.
오직 순례자만 생각하며 길과 다리를 만든 그가 있어
오늘날 우리가 편히 다닐 수 있게 되었다.
누군가의 희생이 다른 사람에게는 고마움이 된다.

순례자를 닮은 순둥이

행복한 초원

아조프라에서 시루에나까지는 끝도 없이 넓은 평원이다.
수채화를 그린 듯이 아름다운 들판 풍경이
발걸음을 멈추게 한다.

맑은 하늘,
비포장도로에 황홀한 들판,
오늘은 걷는 것이 너무 즐겁다.
이런 살맛 나는 날들이 얼마였던가.

묵상

날마다 수많은 순례자가
지나갔을 이 길을 걸으며

내가 가는 길이 옳은 길인지
내가 제대로 걷고 있는 것인지

내가 살아온 길이 옳은지
내가 잘 살고 있는 것인지

나 자신에게
묻고 또 묻는다.

산토 도밍고 데 라 칼사다

프랑스 길의 다리와 길 그리고 이 도시를 세운 '성 도밍고 가르시아'의 이름을 딴 인구 7,000명도 안 되는 작은 도시다.

12세기에 세워진 산토 도밍고 대성당(Cathedral of Santo Domingo de la Calzada)이 있다.

– 입장료 €3,
 (미사 시간에 가면 무료)

– "수탉과 암탉의 기적" 전설[5]에 나오는 암수 한 쌍의 흰 닭을 지금도 기르고 있는 기적의 성당이다.

---

5   14세기 부모와 같이 산티아고 성지 순례에 나선 '우고넬'이라는 독일 청년이 숙소 주인집 딸의 사랑을 거절하자 앙심을 품은 그녀가 황금 술잔을 청년 가방에 숨겨 청년에게 도둑 누명을 씌웠다. 그 죄로 교수형에 처한 청년을 순례를 마치고 돌아가던 부모가 청년이 살아 있음을 발견하고 재판관에게 사정하였더니 재판관이 '그가 살아 있다면 지금 이 식탁 위의 닭도 살아날 거다'라고 하자 접시에 있던 구운 닭이 날아서 청년을 살렸다는 우화 같은 이야기가 있는 곳. 성당에 들어섰을 때 닭이 울면 산티아고까지 무사히 순례할 수 있다는 믿거나 말거나 하는 이야기가 있다.

길 위의 성 도미니크

　순례길을 개척하는 데 전 생애를 바친 성인 산토 도밍고 가르시아, 그의 생가는 폐허가 되고, 무덤만 대성당 지하에 있다.

　2019년 5월 7일, 산토 도밍고 탄생 100주년 기념미사가 성대하게 봉헌되었다. 추기경을 중심으로 대규모 사제단이 미사를 드렸다. 닭장에는 암탉과 수탉이 미사 시간임을 아는지 조용히 있었고, 대규모 중년합창단의 우렁찬 노랫소리가 퍼졌다.
　미사 후 사제단은 지하의 산토 도밍고 가르시아 묘소를 찾아서 오랫동안 기도를 드렸다. 순례자들은 본당 신부님의 안수를 받았다. 순례길은 날 것이다. 이렇게 가는 곳마다 축복을 받다니 이 얼마나 은혜로운 일인가. 밖에서는 내일부터 시작되는 축제 준비가 한창이다.

페레그리노 알베르게

스페인 순례자협회에서 운영하는 알베르게, bed 211개, €8
순례자 잡지인 《El Peregrino》를 여기서 발행한다.
공립 알베르게로 규모가 큰데도 불구하고 시설이 아주 훌륭하다. 뒤뜰 정원에 있는 닭장의 닭들은 대성당의 '수탉과 암탉의 전설'에 따라 기른다.

Day 10
산토 도밍고 데 라 칼사다~벨로라도(23.9km)

　오늘은 비교적 짧은 거리지만 구름이 잔뜩 낀 날씨로 가랑비가 오락가락한다. 끝없이 펼쳐진 초원 사이로 난 자갈길에 다리를 접질리지 않도록 조심해야 한다. 발목을 다치면 치명적이다. 그렇다고 마냥 느긋하게만 걸을 수도 없다. 순례길은 너무 서둘러서도 안 되고, 너무 느려도 안 되는 것이다.

용감한 자의 십자가(Cruz de los Valientes)

　광활한 들판을 지나 첫 번째 마을이자 La Rioja주의 Camino de Santiago의 마지막 마을인 그라뇽(Grañón)에 오니 마을이 끝날 무렵 검은 십자가가 서 있다. 사연인즉, 수 세기 전에, Grañón과 Santo Domingo의 마을 사이에 목초지(Dehesa)에 관한 분쟁이 있었다. 언쟁과 토론 뒤 결국은 대표선수를 뽑아 결투를 하기로 했다.

　Santo Domingo의 Calceatense와 Grañón의 Martín García의 싸움 결과 그라뇽 사람인 마르틴 가르시아의 승리였다. 그러나 두 마을 사람들은 서로의 요구를 잊고 용감하게 결투한 두 용사를 위해 싸움이 일어났던 장소에 십자가를 세우고 용감한 자의 십자가로 불렀다.

굽은 길

자연이 빚은 곡선 길
사람이 빚은 직선 길
그중에서 선택하라면
나는 굽은 길을 택할 것이다.

빤히 보이는 인생길이라면
무슨 묘미가 있을까?

카스티야 이 레온(Castilla y Leon)

이제부터는 라 리오하를 벗어나
스페인에서 가장 큰 자치구인
카스티야 이 레온(Castilla y Leon)
지방에 들어선다.

카미노 프란세스는 나바라(Navarra),
라 리오하(La Rioja), 카스티야 이
레온(Castilla y Leon),
갈리시아(Galicia) 4개의 지방을 지나간다.

레데시야 델 카미노

카스티야 이 레온(Castilla y Leon)의 두 번째 마을인 레데시야 델 카미노에 오니 17세기 세워진 거리의 성모교회(Iglesia de la Virgen de La Calle)가 있다.

바람은 어디서 와서 어디로 가는가?

나를 흔드는 것이 바람일까?

청보리일까? 나의 내면일까?

끝도 없는 길을 걷다 보면 어느새 마을이 나타나곤 한다.
우리의 일상도 끝이 없는 것 같이 보여도 세월이 흐르면,
직업을 갖게 되고, 결혼도 하고 은퇴를 하게 된다.

길

　인생을 사는 데 많은 길이 있다.
　산을 오를 때도 지름길도 있고, 우회로가 있듯이 순례길에도 사람이 느리게 걷는 길과 빨리 달리는 자동차 길도 있다.
　두 가지 길에서 생각의 우물은 어느 길이 깊을까?

　순례의 이유도 각양각색이고, 길도 순례자의 모습도 다양하다. 광활한 초원 사이로 난 순례길에는 다정하게 손을 잡고 걷는 사람, 외롭게 혼자 걷는 사람, 반려견과 함께 걷는 사람, 자전거를 타고 가는 사람 등 여러 사람을 보게 된다. 우리는 서로 다름을 인정하고, 또 그것을 존중하며 수용하는 것이 필요할 것 같다. 다양한 사람과 아름다운 풍경을 보며 푸른 밀밭 사이로 난 비포장도로를 걸으니 지루한 줄도 모르고 즐겁게 걷는다.

까스틸델가도(Castildelgado) 마을

산타마리아 델 캄포 성당

머리도 벗어지고 흰 머리카락에 하얀 수염이 멋있는
저 순례자는 무슨 생각을 하며 걷고 있을까?
사실은 순례하면서 많은 생각을 할 겨를이 없다.
순간순간을 열심히 걷다 보면 목적지에 도착할 뿐이다.
나는 너무 많은 생각은 하지 않기로 하고
오로지 걸음에만 집중하며 머리를 가볍게 하기로 했다.
그랬더니 머리가 맑아서 좋았다.

아침부터 생사가 갈린다.
아프리카 초원에서처럼 하루하루 잘 사는 것이 중요하다.

Viloria de Rioja의 고대건물

목덜미가 하얀 여인네처럼 널찍한 빈 땅이 시원하게 보인다.

이렇게 아름다운 세상에서 단순하게 구름처럼 둥실둥실 살면 얼마나 좋을까?

벨로라도(Belord)

유서 깊은 순례길의 목가적인 도시로 석회암 절벽에 은둔 수도사의 집이었던 고대 동굴 암자들이 성당 뒤에 남아 있다. 산타마리아 성당에는 '산티아고의 상'이 있는 제단이 있다.

콰트로 칸토네스 알베르게(Cuatro Cantones)

아직 오픈 전이어서 순례자 마네킹이 나를 맞는다.

- 사설 알베르게, 침대 65개, €8, 식당과 정원, 수영장,
  목조 2층 침대가 있어 하룻밤 지내기에 좋은 곳이다.
- 가정식 요리와 조식 뷔페 가능(추가 €5)
- 오후 1시, 원하던 1층 침대를 배정받았으나 바로 위 침대에
  그리스에서 온 100kg이나 되는 거구 여성 때문에
  불안한 밤을 보냈다.

Day 11

벨로라도~아헤스(27.4km)

    오늘은 가장 힘든 하루가 될 것 같다. 경사도를 감안한 거리가 30km를 넘고, 높은 곳은 고도가 1,000m가 넘는 험한 길이다. 번잡한 도시에서 벗어나 나의 내면을 깊이 성찰할 수 있는 시간이다. 그런데 바람이 강하고 오후부터는 비가 온다고 하여 걸음을 재촉한다. 카미노는 티론 강을 건너 N-120 도로 왼쪽을 걷는다.

　토산토스(Tosantos) 마을에서 비얌비스티아(Villambistia) 마을까지는 밀밭과 유채꽃밭이 널려 있는 그림같이 아름다운 풍경이다. 하늘에 구름이 좀 있기는 하나 이렇게 맑은 날씨에 풍광 좋은 초원을 걷게 되니 힘든 줄도 모르고 콧노래를 흥얼거리며 걷는다.

좋던 날씨가 갑자기 먹구름으로 변한다. 오크나무와 소나무가 빽빽한 고원의 숲길은 걸어도 걸어도 끝이 보이지 않는다. 예전에는 순례자를 괴롭히는 짐승과 산적들로 악명이 높았다는데, 지금은 넓은 산길에 순례자 외에는 나무와 풀밖에 없다. 좀 지루하지만, 무념무상의 상태로 걷는다.

수없이 반복되는
오르막과 내리막
산허리를 돌면
끝날 것 같은 길이
가도 가도
끝이 보이지 않는다.

인생 살다 보면
험한 산길도 가고,
답답한 오솔길을 걷다가
비포장도로도 만나고
언젠가는 다시
훤한 신작로가 나타나겠지.

해발 1,100m가 넘는 순례자 쉼터에서 사색에 잠긴 한 남자

그대, 지금 무슨 생각을 하는가?

부디 너무 많은 생각일랑 접어 두시게.

순례길이란 날것이라 했네.

온전히 그분께 맡기고, 순례자는 걷기만 하면 된다네.

잘 쉬었다 가시게.

산 니콜라스(San Nicolas) 성당

산 후안 데 오르테가
(San Juan de Ortega)
수도원 부속 성당

지금도, 성당을 만든
'산 후안의 석관'이
그대로 보존되어 있다.

불임이었던 이사벨 여왕이 이곳을 다녀간 후 아이를 얻은 덕택에 화려하게 증축해 주었다고 하니 예나 지금이나 종교와 정치는 불가근불가원(不可近不可遠)인가?

산 후안 데 오르테가 수도원
(Monasterio de San Juan de Ortega)

1150년경 순례자병원이 있었던 산 후안 데 오르테가 수도원은 카미노 데 산티아고의 살아 있는 이정표다. 12세기 로마네스크 양식의 수도원 단지에는 San Juan de Ortega 교회, San Nicolás de Bari 예배당, 주요 회랑과 이 마을 유일한 알베르게를 수도원에서 운영하고 있다.

Albergue San Juan de Ortega

– 오후 1시 Open, Bed 68개, €10
– 순례자 메뉴 €9

프로스트의 숲

아타푸에라 산맥에서 오바네하 마을로 내려가는 길에서 만난
프로스트의 숲에서 나는 큰길을 택했다.
사람들이 많이 가지 않은 길이 더 아름다워 보이지만
익숙한 것과 결별하기에는 이제는 너무 늦었다.
새로운 인연을 찾기보다는
지금까지 내가 만났던 이들과 부대끼며 살고 싶다.

아헤스 (Agés)

아헤스에 오니 예보처럼 비가 오기 시작한다.
나쁜 예감은 언제나 틀리지 않는다.
겨우 10여 가구밖에 없는 시골 마을
그중 3가구는 BAR, 편의점, 식당까지 겸한 알베르게를 운영하고 있다.
순례자들이 없으면 어떻게 살아갈까?
비가 오니 꼼짝없이 실내에 갇혔다.
내일은 비가 그치기를 바라지만 밤새도록 비가 내린다.

Albergue Municipal la Taberna de Agés
- bed 36, €10(2층), 편의점, BAR, 레스토랑(1층)
- 주방 시설이 없어 매식을 해야 한다.

※ 알베르게 3곳의 bed 70개, €9~10

Day 12

● 아헤스~부르고스(23.0km)

어제 오후부터 내리는 비가 밤새도록 내린다. 후드득후드득 창문을 때리는 빗소리에 깨어 보니 새벽 4시다. 제발 비가 그쳐 주기를 바라며 다시 잠을 청했다. 부스럭거리는 소리에 눈을 떠 보니 어둠 속에서 하나둘씩 배낭을 꾸린다. 나도 얼른 배낭을 꾸려서 밖으로 나오니 7시가 다 되어 가는데도 날씨 탓인지 어두워서 헤드 랜턴을 켜고 걷기 시작한다. 첫 번째 마을인 아타푸에르카(Atapuerca) 마을을 뒤로하고 가파른 산길을 오르니 십자가가 황량한 돌 더미 위에 서 있다. 그 너머로는 멀리 희미하게 부르고스가 보인다. 보기에는 멀지 않아 금방 갈 수 있는 것처럼 보였는데 가도 가도 시골길만 나타난다. 하산 길은 자갈길인데 다시 비까지 뿌리기 시작한다. 부르고스 공항 길을 돌아 부르고스 도착할 때까지 비는 오다 그치기를 반복했다.

1,070m의 푼토 데 비스타에 거대한 십자가가 우뚝 서 있다. 그 너머로 오늘의 목적지 부르고스 시내가 희미하게 보인다.

아헤스에서 부르고스 가는 길은 걷기에도 바쁜, 몸의 길
푼토 데 비스타 철 십자가를 지나고부터는 비바람을 맞으며 자갈길을 내려간다.

눈보라가 치고
비가 와도 걸어야 한다.
내가 아니면 누가 이 길을 대신
걸어 주겠는가?

우리 인생도 나 아닌 누가 대신 살아 줄 수는 없지 않은가?

부르고스(Burgos)

성(城) 아래 도시라는 부르고스는 옛 카스티야 왕국의 수도였다. 첫인상이 중요한데 부르고스 시내에 들어서니 말뚝 하나 세울 곳이 없어 포플러 나무에 그린 노란 화살표가 있다. 부르고스는 순례자에게 참 무심할 것 같다는 생각이 든다.

부르고스 대성당(Cathedral de Burgos)

부르고스 대성당(입장료 €7, 순례자 €4.5)은 1984년 세계문화유산에 등록된 세비야, 톨레도에 이어서 스페인에서 세 번째로 큰 성당으로 1221년 착공하여 300년 만에 완성된 스페인 고딕 양식 건축물 중 가장 아름다운 성당이다. 지붕에는 하늘을 찌를 듯한 수많은 첨탑이 있고, 내부는 아름다운 스테인드글라스, 조각상, 부조, 회화가 있으며 중세 레콩키스타의 영웅 '엘 시드'가 부인 '히메나'와 함께 여기 묻혀 있다.

순례길에서 이렇게 아름다운 성당을 볼 수 있는 것은 큰 영광이다. 제대로 보려면 최소한 반나절은 걸린다. 큰 성전이나 작은 예배당이나 나의 기도는 오직 한 가지, 순례를 무사히 마칠 수 있도록 청원 기도를 드린다.

Statue of El Cid

부르고스의 가장 상징적인 기념물 중 하나인 엘 시드 캄페아도르(El Cid Campeador)로 알려진 로드리고 디아즈 드 비바르(Rodrigo Díaz de Vivar 1043~1099)의 기마상이다.

그는 발렌시아의 도시를 정복할 때까지 싸운 레콩키스타(Reconquista)의 전설적인 인물로 카스티야 왕국의 군사 지도자이며 민족 영웅이다.

산타마리아 아치 (Arco de Santa Maria)

16세기 황제 카를로스 5세를 기리며 건설된
부르고스 중세 성벽에 있던 12개 문 중의 하나인
산타마리아 아치를 통과해서 대성당이 있는
산페르난도 광장과 연결되며
성문에는 마리아와 천사상, 카를로스 1세와 엘시드 등
카스티야의 주요 인사 6명이 부조되어 있다.

석재로 만든 산타마리아 아치
목재로 지어진 우리의 숭례문
공통점은
외세의 침입을 막아 왕권을 보호하고
성 밖 사람의 통행을 제한하는 것이었다.

에마우스(Casa de peregrinos de Emaus)

순례길 경험이 있는 자원봉사자가 2주씩 교대로 관리하는 산 호세 오브레로 교구 교회(Parroquia San Jose Obrero) 소속 알베르게 '에마우스 순례자의 집'은 기부(Donative)와 봉사로 운영하며 저녁과 아침 식사가 제공된다.

1. 입실 조건
   - 가톨릭 신자가 아니어도 되고, 미사 참석도 의무는 아니다.
   - 하룻밤만 잘 수 있고, 저녁 7시 반 미사, 8시에 저녁 식사
   - 10시에 취침, 아침 7시에 기상, 7:30 식사, 8시 Close
   - 남녀 구분 Room, 2층 침대 20개, 12:00 Open
2. 나눔의 시간
   순례길에서는 아름다운 경치를 보는 것도 좋지만, 사람들과 어울리는 재미도 있다. 에마우스에서는 저녁 식사를 같이하고, 각국의 언어로 기도를 하고, 순례에 대한 각자의 생각, 순례길의 정보를 서로 나누고 경험을 공유하는 대화의 시간을 가진다. 내가 숙박하는 동안은 캐나다에서 온 마리아 부부의 안내로 식사, 기도, 나눔의 시간을 가진 순례길 최고의 잠자리였다.

Day 13
부르고스~빌바오~부르고스

　1497년 이사벨 여왕이 신대륙을 발견하고 돌아온 콜럼버스를 맞이한 부르고스에서 하룻밤을 보내고, 휴식 겸 세계적인 구겐하임 미술관을 보기 위해 부르고스에서 2시간 거리에 있는 아름다운 도시 빌바오로 간다. (ALSA BUS 왕복 €26.16)

　바스크 분리주의자들의 파업과 독립운동으로 쇠락해진
　스페인 북부 바스크 지방의 가장 큰 공업 도시 '빌바오'

　1997년 네르비온 강가에 미국의 구겐하임 미술관을 개관하여 인구 38만 명의 도시에 연간 100만 명이 넘는 관광객이 몰려오는 도시재생 운동의 성공모델이 되었다.

　프랭크 게리(Frank Gehry)가 설계한 구겐하임 미술관
　제프 쿤스의 작품 퍼피(Puppy 꽃 강아지 1992년)
　루이즈 부르주아의 작품 엄마 (Maman 거대한 거미 1999년)
　개관 10주년 기념으로 설치한 라 살베(la Salve: 성모 찬송 2007년) 다리가 빌바오를 살렸다.

구겐하임 미술관(Museo guggenheim)
(입장료: 일반 €13, 경로 €7.5)

제프 쿤스(Jeff Koons)의 퍼피(Puppy 꽃 강아지)

루이즈 부르주아(Louise Bourgeois)의 Maman(거대한 거미)

라 살베(la Salve: 성모 찬송) 다리

아틀레틱 클럽 빌바오(ATHLETIC CLUB BILBAO)

홈구장인 에스타디오 산 마메스(San Mamés)

아틀레틱 클럽 빌바오 엠블럼

    아틀레틱 클럽(Athletic Club)은 바스크 지방의 빌바오에 있는 산 마메스 경기장을 연고로 하는 스페인의 축구 클럽이며 1898년에 창설되었다. 아틀레틱 빌바오(Athletic Bilbao)라는 이름으로 더 잘 알려져 있다.

    프리메라리가가 창설된 1928년부터 리그에 참여한 이래 FC 바르셀로나, 레알 마드리드와 더불어 프리메라리가에서 단 한 번도 강등되지 않은 클럽이기도 하다. 홈구장인 산 마메스의 이름은 로마 군인들에 의해 사자에게 던져진 기독교도의 이름에서 따왔으며, 5만 3,000명을 수용할 수 있다.

Chapter 03

정신의 길

Day 14
부르고스~온타나스(31.1km)

오늘부터 약 1주일간은 장엄한 메세타 지역을 통과해야 한다. 순례길의 마지막 대도시 레온까지 거의 200km 정도는 해발 600m가 넘는 메세타 고원지대로 끝없이 이어지는 황무지 길이다. 순례자들이 이 구간을 고난의 땅으로 부르는 최대의 난코스다. 인내심을 갖고 강한 정신력으로 버텨내야 하는 길이다.

아를란손 강가의 숲길
벌거벗은 버즘나무의 사열을 받으며
부르고스를 떠난다.

자주색 교회

Iglesia de Nuestra Señora del Pilar

오늘부터 걷게 되는 메세타(Meseta) 고원 지역의 출발지인 부르고스 외곽 파랄 공원에 오니 성모마리아 예배당이 있다. 성당 앞에는 이런 격려문이 있다.

'여행이 끝나면 저녁때 별들이 나오고
황혼의 아름다움이 왕 앞에 펼쳐질 것이다.
(Cuando el viaje llegue a su fin saldrá la estrella de la tarde, y las armonías del crepusculo se abrirán ante el pórtico del rey).'

나도 틀림없이 그렇게 되리라 믿고 길을 떠난다.
믿는 자에게 복이 있나니.

부르고스 시내에서 여기까지 택시를 타고 오는 사람도 있다.

시 외곽의 고속도로 위로 난 다리를 건너는데 고속도로에 차가 거의 보이지 않는다. 시원하게 뚫린 도로를 두고 순례자들은 구불구불한 산길을 넘고, 농로를 걷는다.

부르고스 외곽으로 나오니 부지런한 농부는 벌써 밭갈이를 했다. 농부는 밭갈이를, 순례자는 마음 갈이를 한다.

성모 예배당

수도원의 성모 예배당(Ermita de la Virgen de Monasterio)

라베 더 라스 칼자다스(Rabé de las Calzadas) 마을이 끝날 지점에 작은 교회가 하나 있다. 수녀님이 축복 메달을 걸어 주고 기도도 해 준다는데 너무 이른 시간인지 문이 닫혀 있다. 뒤에 나무를 보니 역시 망자들을 지키기 위한 묘지다. 측백나무는 시신에 벌레가 생기는 것을 막고, 망자의 영혼이 하늘 높이까지 가기 위해서란다. 담장을 사이에 두고 죽은 자와 산 자는 말이 없다.

메세타 봉(950m)

칼자다스(Rabé de Las Calzadas) 마을을 지나 메세타 봉(950m)에 오르니 사방이 탁 트인 장엄한 초원이 펼쳐지고 밀밭 사이로 구불구불 가느다란 길이 보인다.

봉우리 아래부터는 가파른 내리막길이다. 이름하여 '노새를 죽이는 내리막(Cuesta de Matamulos)'이라고 한다.

그 내리막 끝에 아름다운 전통적인 순례자 마을인 오르니요(Hornillos del Camino) 마을이 보인다.

내려와 보니 마을은 낡은 집들을 그대로 방치한 채 사람이 거의 살지 않는 마치 유령 마을 같았다. 산 로만 성당(Iglesia de San Román) 앞에 수탉 조각 탑이 이채로웠다.

동행

밀밭 사이를 걷고 있는 두 사람
길이 아무리 멀어도
둘이서 간다면
발걸음이 가벼우리.

먼 길을 갈 때는
좋은 동반자가 필요하다.
좋은 동반자를 찾지 말고
내가 좋은 동반자가 되자.

나 홀로 나무

넓은 들판에
홀로 서 있는 한 그루 나무
그에게 외롭지 않으냐고 물어본다.

바람이 소식을 전해 주고
혼자 걷는 순례자도 친구가 되어 주어
전혀 외롭지 않다고 하네.

외로움이란
홀로 되어 쓸쓸한 마음이나 느낌이어서
혼자 있을 때보다 무리에 있을 때
더 외로움을 느낀다고 한다.

다 지나간다

누구에게나 힘든 순간은 있다.
그러나
그 시간은 언젠가는 지나간다.
그 모든 것을 이겨 내야 한다.

이 길을 누구도 대신 걸어 주지 않는다.
너무 외로워하지 말자.
너무 힘들어하지 말자.

순례길에는 짐이 가벼워야 한다. 가벼운 막대기 하나 주워 들고 사뿐사뿐 걷는 저 청년이 부럽다.

인생을 저렇게 단순하게 산다면 행복도 빨리 오지 않을까?

문득 가던 길을 멈춰 서서 뒤돌아본다. 뒤를 이어 걷는 무수한 사람들, 앞서 이 길을 걸어갔을 많은 사람들을 생각하니 나는 지금 어떤 모습으로 살아가고 있을까? 이제는 가끔 걸어온 길을 뒤돌아볼 나이가 되었다.

    메세타에 지칠 무렵 좌측 800m 산볼 마을에 알베르게가 있다는 안내 표시가 있다. 그런데 침대가 12개밖에 없다. 갔다가 자리가 없으면 다시 돌아 나와야 해서 온타나스까지 5km를 더 가기로 한다. 지금 내 앞뒤로 500m 이내에는 사람 하나 보이지 않고, 출렁이는 밀밭과 바람 소리뿐이다.

    길에는 가로수도 큰 나무도 없어 그늘이 전혀 없으니 앉아서 잠시 쉴 곳도 없다. 바람 센 메세타의 맛을 제대로 느낀다. 더위에 지치고 지칠 무렵 먼저 간 동행자에게서 카톡이 왔다. 온타나스의 알베르게에 남은 침대가 몇 개 없으니 빨리 오라고 한다. 지친 몸을 이끌고 다시 걸음을 재촉한다.

온타나스 (Hontanas)

온타나스는 끝도 없는 초원에서 구릉 지대에 숨어 있는 중세풍의 산골 마을이다. 순례자 외에는 외지인이 거의 보이지 않는다. 거리가 멀고 힘든 메세타 길이라 9시간 반만인 오후 4시 반경에 도착했더니 공립 알베르게에 자리가 없다.

공립 알베르게(Albergue Municipal Hontanas)는 시설이 열악하여 평이 좋지 않은데도 침대 수가 20개밖에 안 되어 남은 것이 없다. 사설 알베르게와 호스텔이 더 있기는 하나 침대 수가 많지 않다. 이곳저곳을 다니다가 사설 알베르게(Albergue Juan de Yepes)에 겨우 침대 하나를 얻었다.

Albergue Juan de Yepes

- bed 54, €8 per bed
- Meal €9(주방 시설 없음)
- 야외 정원에서 편히 쉴 수 있는 의자가 있다.

Day 15
온타나스~보아디야 델 카미노(28.5km)

어제 9시간 반이나 걸었더니 몸이 천근만근이다. 오늘도 갈 길이 멀어 하늘의 별을 보며 일찍 나섰다. 맞바람에 고도가 1,000m가 되다 보니 손이 시려 호호 불며 걷는다. 어둠 속에서 산티아고까지 457km 남았다는 안내가 벽면에 보인다.

산 안톤 아치 (Arco de San Anton)

안토니오 기사단이 순례자들을 치료해 주던 산 안톤(San Antón) 수도회의 병원과 수도원은 허물어지고, 중세 가난하고 노약한 순례자들을 위해 음식이나 빵을 놓아두었다는 섬세한 문양이 있는 아치만 덩그러니 남아 있다.

기사단 덕분에 순례가 가능했고, 성당을 세우기도 했지만
순례자들의 안전을 지키던 세력이 커져서 결국은 기사단장은 형장의 이슬로 사라졌다.
"권력은 부패하는 법이며, 절대권력은 반드시 부패한다"라는
영국의 역사가이자 정치가인 존 액톤(John Acton)의 말처럼 권력의 속성은 예나 지금이나 변함이 없다.

요새 마을

폐허가 된 성채 아래 수도원과 성당이 3개나 있는
주민 600여 명이 사는 카스트로헤리스(Castrojeriz) 마을

로마와 서고트 왕국의 유적인 성곽은 파괴되고,
 순례자병원을 개조한 성당, 수도원은 레콩키스타 동안 무어인과 그리스도교인 사이 전투의 흔적들로 남아 있다.

오늘 우리가 걷는 이 길은 산 후안 성당을 지나 옛 로마 길과 합류하는 2,000년 전부터 있었던 길이다.
 우리는 이 길에서 무엇을 생각하며 무엇을 바라는가?
 내 영혼 내면의 길을 찾아보자.

이 마을에서 파울로 코엘료가 머물며 작품 활동을 하였고, 한국인이 운영하는 알베르게에서 비빔밥을 먹을 수 있다.

사과의 성모 성당

아름다운 장미창(窓)으로 유명한 사과의 성모성당(Collegiate of Santa María del Manzano)이 아침 햇살을 받아 더욱 선명하게 보인다.

카스트로헤리스(Castrojeriz) 마을의 중심도로

카스트로헤리스 성(Castle of Castrojeriz)

9세기말 무슬림에 대항하여 요새를 방어하기 위한 성곽

안토니오 수도회 기사단의 상징인
Tau라고 하는 T자 모양의 돌 십자가와 마크

카스트로헤리스를 지나 모스텔라레스 고개로 향하는 길

모스텔라레스 고개에서 내려다보이는 들판

모스텔라레스 고개(Alto de Mostelares 900m)

민둥산 정상, 모스텔라레스 고갯마루에
십자가와 카미노 기념탑이 우뚝 서 있다.

뒤돌아보니 올라온 길이 가물가물하고
앞으로는 걸어가야 할 길이 아득히 보이는
사방으로 전망이 탁 트인 멋진 카미노 뷰(Camino View)

풀 한 포기 없는 가파른 등산길에서 만난
노르웨이에서 온 75세의 할머니에게
카미노를 혼자 걷는 이유를 물으니

"카미노처럼 맑은 공기를 마시며 생각을 정리하기에 더 좋은 곳이 없다.
당신같이 낯선 사람과의 만남도 좋지 않은가"라고 답한다.

개양귀비꽃(Flanders Poppy)

　메세타에는 끝없는 밀밭이 바람과 함께 묘한 음악을 연주하고, 빨간 개양귀비꽃이 지천으로 널려 있다. 개양귀비의 꽃말은 '쓰러진 병사'를 뜻한다는데, 제1차 세계대전 때 전쟁터에서 허무하게 죽은 청춘들에게 바쳐진 꽃이란다.

　영연방에서는 1차 대전 종전일(Armistice Day)인 매년 11월 11일
영국 여왕을 비롯한 전 국민이 이 꽃을 달고
전쟁터에서 돌아오지 못하는 병사들을 추모하고 있다.
지금 재향군인회의 배지로도 사용하고 있다.

　양귀비와 다른 이유가 미모가 아류일까?
패장의 애첩이기 때문일까?

산 니콜라스 예배당과 알베르게
(San Nicolás de Puente Fitero)

부르고스주와 팔렌시아 주의 경계인 피수에르강의 이태로 다리(Puente Itero) 못미처 예쁜 하카란다(Jacaranda)꽃이 활짝 피었다. 그 바로 옆에 알베르게 겸 산 니콜라스 예배당(San Nicolás de Puente Fitero)이 있다. 이곳은 침대가 12개(€5)뿐이고, 늦은 봄부터 초가을까지만 문을 열며 전기나 전화 등 현대식 시설이 없다. 그러나 아침, 저녁 식사가 제공되고, 촛불을 사용하여 진정한 안식처로 인기가 많다고 한다.

이태로 다리(Puente Itero)

팔렌시아주

보아디야 델 카미노(Boadilla del Camino)

한때 순례자병원이 있어 인구가 2,000명이 넘던 도시가
오늘날 200명도 안 되는 한적한 시골 마을로 전락했다.
마을 중앙에 있는 산타마리아 성당(Iglesia de Santa María)도
굳게 잠겨 있고 황새의 터가 된 지 오래다.

성당 앞 광장에는
중세 공개재판 때 중죄인을 쇠사슬로 묶어 두었다는
심판의 기둥(Rollo de Justicia)만이 덩그러니 지키고 있다.

보아디야 델 카미노 알베르게
(Albergue Municipal Boadilla del Camino)

En EL Camino
- bed 48, €8

천정이 낮아 고개를 숙이고 들어가야 하는 알베르게
아마 옛날 마구간을 개조한 듯하다.
그래도 넓은 잔디 정원에 수영장까지 갖추고,
담벼락에는 주방장 베고냐가 그렸다는 멋진 벽화까지 있으며
양지바른 정원이 빨래 널기에도 좋다.
주방이 없어 사서 먹어야 한다.

Day 16
보아디야 델 카미노~카리온 데 로스 콘데스(24.6km)

팔렌시아는 비옥한 논과 밭으로 된 평야 지역으로 경작지가 많아 주로 밀과 포도 농사를 짓는다. 그늘을 만들어 줄 나무가 없어 충분한 물을 준비해야 한다. 이곳에서 프로미스타까지 연결되는 카스티야 운하(El Canal de Castilla)에 아침 햇살이 비치니 포플러나무와 갈대의 반영이 멋지다.

가벼운 배낭을 멘 부부가
두 손을 꼭 잡고 다정히 걸어간다.
함께 걸어가는 두 사람의
뒷모습을 바라보니 참 예쁘다.
이 다정한 동행의 기쁨을
아는 사람은 얼마나 행복할까.

들판에 조용히 서 있는 검은 십자가
그 아래 야고보의 십자가와 노란 조가비
순례자의 길을 밝히는 마음의 등불이다.

프로미스타(Fromista)

산티아고까지 424km

산토 도밍고 성인 기념 석조 성경책

프로미스타 마을 안내판

주민 거주지역이니 조심하라는 안내문

자갈길

포블라시온 데 캄포스부터 비얄카사르 데 시르가까지는 끝도 없는 자갈길이다.
나무가 없으니 그늘도 없고, 길이 똑바르니 더 지루하다.
발바닥 통증을 느끼니 자동차도로로 눈길이 자꾸 간다.
그래도 자갈길이 건강에도 좋다고 스스로 위로한다.

포블라시온 데 캄포스(Población)부터 12세기 템플 기사단의 영지였던 비얄카사르 데 시르가(Villalcázar de Sirga)까지는 우측 우시에사 강(Río Ucieza)을 따라 제방 길을 걸으면 좀 우회는 하지만 그늘이 있는 가로수 길을 걸을 수 있다.

카리온 데 로스 콘데스
(Carrión de los Condes)

카리온은 중세 한창 번성하던 시기에는 순례자병원이 14개나 있었고, 만 명이 넘는 주민이 살았는데 지금은 인구가 4분의 1로 줄었으나 여전히 중세 분위기가 물씬 풍기는 도시이다.

처음에는 산타마리아 알베르게(Albergue Parroquial Santa María del Camino, bed 58, €5)로 갔으나 오픈 시간이 오후 1시부터여서 다시 찾아간 곳이 카리타드 수녀회가 운영하는 에스피리투 산토(Albergue Espíritu Santo, bed 60, €5)였다.

알베르게는 건물 2층에 방마다 10~15명 정도만 수용하고 있고, 모두 단층 침대로만 되어 있어 복잡하지 않아 좋았다. 아래층에는 식당과 조리 시설도 잘 갖추어져 있다. 빨래터에서는 땀에 젖은 옷가지와 신발까지 세탁하는 사람이 많다. 단, 주의할 사항은 수녀원 알베르게라서 모두 안심하고 샤워를 하러 간 사이 순례자를 가장한 도둑이 들어서 여러 명이 핸드폰과 지갑을 도둑맞아 경찰이 출동하기도 했다. 순례길에서 중요한 것은 항상 몸에 지니고 긴장의 끈을 놓아서는 안 된다.

Day 17
카리온 데 로스 콘데스~모라티노스(29.9km)

오늘이 메세타의 최대 고비다. 경사도를 감안한 거리는 30km가 훌쩍 넘고 카리온에서 칼사디야 데 라 케사(Calzadilla de la Cueza)까지 17.5km는 마을도 없고 식수를 구할 때도 없으니 준비를 단단히 하라고 한다. 실제로 걸어 보니 정말 길이 거의 직선으로 되어 있어 너무너무 지루하고, 중간에 푸드 트럭이 하나 있을 뿐 쉴 만한 곳도 없고, 마을은 물론 화장실도 없어 많은 사람이 택시 등을 이용하여 건너뛰는 것을 보았다.

새벽 5시에 기상하여 모처럼 아침을 해서 먹고 5시 50분 헤드 랜턴을 켜고 어둑어둑한 시내를 빠져나간다. 시내에는 CARRION 글씨와 조가비가 도로 바닥에 새겨져 있다. 시내를 벗어나니 그제야 아침노을이 짙게 깔린다.

좌우로 끝없는 밀밭 가운데 나 홀로 나무와 그 뒤로 풍력발전기가 병풍처럼 서 있다. 넓은 밀밭 사이로 공동묘지와 교회가 보인다.

 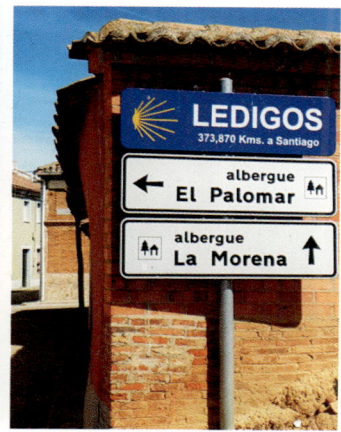

 4시간 만에 17km를 걸어서 첫 마을인 '칼사디야 데 라 케사'에 도착하여, 카페에서 시원한 오렌지 주스를 한 잔 마시며 잠시나마 휴식을 취한다. 다시 힘을 내어 '레디고스' 마을에 오니 벌써 순례길의 반을 넘겨 산티아고까지 남은 거리가 373km라는 카미노 안내판을 보니 할 수 있다는 자신감과 희망이 보였다.
 고대 로마 시대부터 있었던 이 자갈길은 그 옛날 로마와 아스트로가를 연결하는 '아키타나 길(Via Aquitana)'로 알려져 있고, 순례자의 길로도 불린다.

모라티노스(Moratinos)

　대형 와인 저장고가 있을 만큼 한때는 포도 주산지였으나 이제는 겨우 10여 호 가구만 있고, 마을 중심부에 있는 와인 저장 동굴 겸 숙소 '엘 카스티요 데 모라티노스(일명 '호비톤')'가 유명하다. 집들도 대부분 흙집이고 16세기 산토 토마스 성당(Iglesia de Santo Tomás)도 거의 폐허가 된 채 굳게 닫혀 있다.

땅굴 숙소(The only one, Hobbit in Spain)

지금은 농사지을 사람도 없으니 이 멋진 창고도 이제는 무용지물이다. 오늘날 이농 현상은 동서양을 막론하고 심각하다. 그 많던 농부들은 어디로 가고 주인 잃은 빈 의자만 창고 꼭대기에 덩그러니 있다.

조상 대대로 살아왔을 옛날 그대로의 흙집은 새로 칠한 파란 문이 아름답다.

문이 굳게 닫힌 폐허 직전의 산토 토마스 성당

Hostal Albergue Moratinos

— bed 18개, €10, Bfast €3, Meal €9

이곳은 아주 작은 마을인데도 마을 입구에 호스텔, 식당, BAR를 겸하고 있는 알베르게가 하나 있다. 비교적 시설이 좋고, 친절한 알베르게 사장 겸 주방장이 디저트로 화살표 모양의 아이스크림을 만들어 준다. 나는 순례길에서 만난 일행과 화장실과 샤워실이 잘 갖춰진 5인실 방을 사용하였다.

Day 18
모라티노스~베르시아노스 델 레알 카미노(19.7km)

밤사이 비가 온 뒤여서 약간 쌀쌀한 날씨에 아침 해도 구름에 가려 희미하다. 팔렌시아주의 마지막 마을이자 오늘의 첫 마을인 산 니콜라스 델 레알 카미노를 30분 만에 통과했다. 오늘은 세키요 강(Rio Secuillo)을 건너서 레온주로 넘어간다. 레온주는 지역이 넓고 인구도 많으며 다양한 지형을 가졌다.

이제 순례길에서 아주 어려운 고비는 넘겨서 오 세브레이로만 잘 넘으면 산티아고까지는 무난히 갈 수 있겠다.

길에는 누군가 작은 돌을 주워서 바닥에 대형 카미노 화살표를 만들어 두었다.

그라시아스(Gracias)!

황새 둥지

　순례길에서 교회의 지붕에 황새들이 둥지를 튼 것을 자주 본다. 우리나라에서는 희귀한 천연기념물인 황새가 여기서는 하느님의 보호를 받고 있다.
　마치 황새를 위해서 폐허가 된 교회를 그대로 내버려 둔 듯 황새의 천국이다. 십자가 아래 황새가 집을 짓고, 새로 탄생한 새끼를 기르는 이 기묘한 현상이 그저 신비롭게만 여겨진다.

다리의 성모 예배당
(Ermita de la Virgen del Puente)

프랑스 길의 중간지점, 고대 순례자병원과 수도원이 있던 자리에 돌로 쌓은 성모의 다리를 지나면 12세기 '다리의 성모마리아 예배당'과 유적들이 순례자들에게 쉼터를 제공해 준다. 보초를 서고 있는 두 장병의 전송을 받으며 레온주의 첫 마을인 사하군(Sahagún)으로 간다.

산 베니토 아치문

    로마 시대부터 있었던 사하군은 중세시대 교회 권력의 중심에 있어 수도원과 성당, 순례자들의 구호시설이 많아 하룻밤 머무르며 유적지들을 둘러보아도 좋을 듯하다. 사하군에는 지금은 없어진 산 베니토 왕립 수도원(Monasterio Real de San Benito)의 입구에 17세기 유적 산 베니토 아치문(Acro San Benito)만 덩그러니 남아 있다. 그 앞에 서 있는 나처럼 옛날 순례자들도 이런 모습이었을까?

샤를마뉴 대제의 숲

사하군을 벗어날 무렵, 로마 시대 다리인 칸토 다리(Puente Canto)를 건너는 길에 포플러나무 숲이 있는데 무어인들과의 전쟁에서 샤를마뉴 대제의 군사들이 창을 이곳에 심자 창이 묘목으로 변했다는 전설이 있어 '샤를마뉴 대제의 숲'이라고 부른다. 다리를 건너서 철로를 지나 고속도로와 나란히 대체 루트를 따라 걷는다.

베르시아노스 델 레알 카미노

시청(위)과 쇠락해 가는 도시의 옛 가옥(아래)

Albergue Parroquial de Bercianos de Real Camino

사제관을 개조한 현지 교구 소속 알베르게로 침대 58개, 기부(Donativo)로 운영되며 기부금은 확인하지 않지만 절대 무료가 아니다. 식사와 숙박비에 대한 적절한 금액을 기부하도록 하자. 간단한 아침 식사도 제공하나 대부분 아침 일찍 출발하느라 먹지 못한다.

순례자 노래 가사

각국에서 온 연세가 지긋한 봉사자들이 호스피탈레로 일한다. 남녀 별도의 화장실과 깨끗한 욕실이 있다. 저녁은 6시에 봉사자들이 만든 요리를 정통 와인과 함께 직접 서빙해 준다.

저녁 식사 후 순례자의 노래도 배우고, 나라별로 노래자랑 시간을 가졌다. 한국팀은 8명이 아리랑을 합창했다. 걸을 때는 힘들어도 이렇게 한바탕 놀고 나니 피로가 회복되는 듯했다. 순례길에는 가끔 이런 행운도 따른다.

레크리에이션 시간

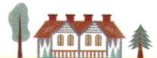

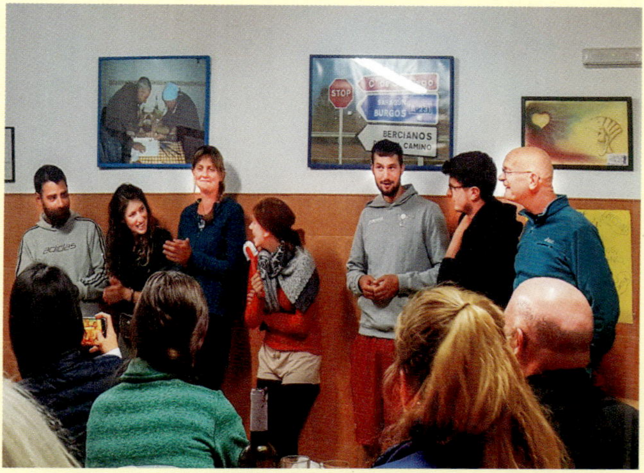
STOP
BURGOS
BERCIANOS

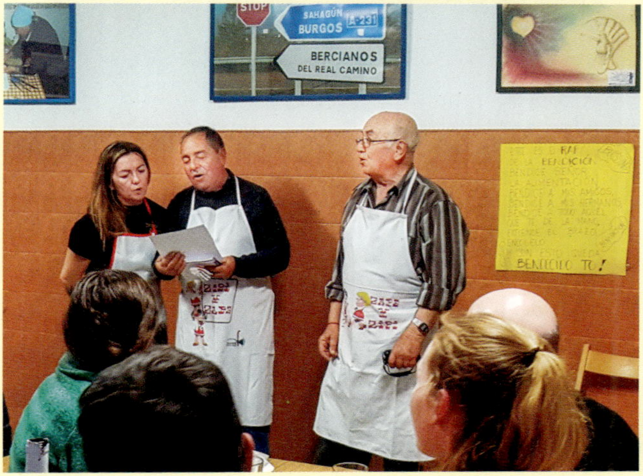
SAHAGÚN
BURGOS
A-231
BERCIANOS
DEL REAL CAMINO

Day 19

베르시아노스 델 레알 카미노
~만시야 데 라스 물라스(26.8km)

오늘도 거리가 꽤 멀다. 6시 30분, 멀리 교회의 종탑을 바라보며 일찍 길을 나섰다. 밤사이 비바람이 치더니 다행히 아침에는 날씨가 맑다. 그러나 강한 맞바람으로 추위를 느낀다. 그래도 비 온 뒤라 공기도 맑고, 땅이 촉촉이 젖어서 걷기에는 좋다. 알베르게를 벗어나자마자 밀밭과 야생화가 흐드러지게 핀 광활한 평원이 계속된다.

추천 루트인 칼사다 데 로스 에르마니요스(Calzadilla de los Hermanillos)를 지나 만시야까지는 마을도, 식수대도, 작은 숲도 없다. 이 길은 카리온부터 시작되는 로마 시대 아우구스투스 황제의 원정길에도 이용되었던 아키타나 길의 연속이다. 길이 험하고, 우회하게 되어 있어 나는 좀 더 지름길인 엘 부르고 라네로를 경유하는 대체 루트를 택했다.

날이 점점 밝아지면서 짙은 아침노을이 아름답게 펼쳐진다.

맑은 공기를 마시며 초록의 길을 걸으니 기분이 상쾌하다.

밀밭에 물을 공급하는 거대한 급수기

첫 마을인 엘 부르고 라네로의 식당에서 한국 라면과 햇반을 팔고 있다. 아침 추위에 떨었는데 따끈한 라면 국물에 햇반을 말아 먹으니 다시 힘이 솟는다.

THINKLESS

엘 부르고 라네로(El Burgo Ranero)와 렐리에고스(Reliegos)를 잇는 대체 루트는 고속도로와 평행한 아스팔트 길옆의 현대식 샌다다.

길을 따라 늘어선 나무들의 울창한 방풍림과 곧게 뻗은 자동차 길 옆의 오솔길을 걸어가는데 돌에 글씨가 쓰여 있다.

THINKLESS

무슨 뜻일까?
깊이 생각을 하지 말자
몸으로 걷자

순례자는 걸을 뿐

야고보의 십자가

'만시야 데 라스 물라스' 마을 입구에
'야고보의 십자가'가 서 있다.

십자가는 로마제국의 십자가형의 형틀이다.
예수 그리스도가 십자가형으로 죽은 후
십자가는 고난의 상징이 되었다.

십자가의 모양도 다양한데
성 야고보의 십자가는 백합 십자가의 일종으로
끝이 칼 모양으로 되어 있으며
산티아고 기사단의 상징이다.

만시야 데 라스 물라스
(MANSILLA de las MULLAS)

중세시대 순례자 구호시설이 3개나 있어 휴식처를 제공해 주던 마을이다. 이 도시는 예전에 가축 시장으로 유명해서 도시 이름도 거기서 유래했다고 한다.

8세기 산타마리아 성당(Iglesia de Santa María) 앞에 사도 산티아고 석상이 있고, 저녁 8시에 미사가 있다.

Albergue Amigos del Peregrino

- 공립(지자체) 알베르게
- bed 76개, €5, 세탁기 이용료(€3)
- 시설은 좀 오래되었으나, 주방 시설이 잘 갖춰져 있다.
- 숙소 주변에 상점과 다양한 BAR, Restaurant이 있다.
- 인근 식당 Pilgrim Menu(€10)가 먹을 만하다.
- 슈퍼마켓(DIA)이 가까이 있다.

Day 20
만시야 데 라스 물라스~레온 (18.1km)

    5월 중순을 지났는데도 아침 기온이 2도까지 떨어지는 쌀쌀한 날씨다. 레온은 큰 도시이고 관광객들도 많아 숙소 예약을 하는 것이 좋다고 하여 나도 오늘은 숙소 예약을 해 두어 느긋하게 출발한다. 이제 메세타가 끝나가는지 멀리 산들이 보이기 시작한다. 레온이 가까워지자 공장도 많이 보인다. 발델라푸엔테(Valdelafuente)의 포르티요 언덕을 내려가서 고속도로 위 청색 다리를 건너면 레온 시내가 한눈에 보인다. 이 다리가 없을 때는 고속도로를 무단횡단해야만 하는 위험천만한 곳이었다. 레온은 산티아고 순례길의 프랑스 길과 세비야에서 출발하는 은의 길이 교차하는 교통의 요충지다. 순례길의 마지막 거점 도시며, 옛날 레온 왕국의 수도로 레온의 3대 유적으로 꼽히는 로마네스크 양식의 산 이시도르 성당, 고딕 양식의 카테드랄, 르네상스 양식의 산 마르코스 수도원 등 문화유산이 많다.

카미노에서 노란 화살표는
순례자의 내비게이션이다.
친절하게도 길에, 나무에, 돌에
어디에도 그려져 있다.

우리 인생도 언제나 일방통행인데
내가 걷는 삶의 길목에도
가야 할 방향을 가리키는 등불 같은
노란 화살표가 있으면 좋겠다.

대표적인 농업 국가인 스페인은
농사를 짓기 위해서는 물이 많이 필요하다.
그래서 2000년 전에 세운 세고비아 로마 수도교처럼
예로부터 관개용수로가 잘 발달되어 있다.
모든 생명의 원천은 물이다.

중세 다리 (PUENTE MEDIEVAL)

    비야르모로스 데 만시야를 지나 20개의 아치가 있는 거대한 중세 다리를 건너면 비야렌테(Villarente)다. 여기는 중세 순례자병원이 있던 곳으로 그 옛날 레온까지 '당나귀 앰뷸런스'를 운행했다고 한다.

레온이 가까워지니 목장, 오리 농장도 보이고, 특히, 자동차 매장과 정비소가 많이 있다. 포르티요 언덕을 넘어 자동차 전용도로 위 청색 육교를 건너면 레온이 한눈에 들어온다.

레온은 레온주의 주도로 로마 시대 제7군단의 주둔지였다. 도시 이름도 군단, 즉 레기온(Legion)에서 유래되었다. 로마네스크 양식으로 우아하게 건축된 '성 이시도로 왕립 대성당', 장엄한 고딕 양식의 '레온 대성당', 정교하고 아름다운 플라테레스코(Plateresco) 양식의 '산 마르코스 수도원', 가우디가 만든 신고딕 양식의 '카사 데 보티네스' 등 로마 시대 유적을 비롯하여 볼거리가 많다. 중세 느낌이 풍기는 구시가지 우메도 지구(Barrio Húmedo)를 천천히 걸어 보자.

레온에는 순례자들에게 소문난 퓨전 중국식 뷔페 'WOK'이 있다. 신시가지인 마르셀로 광장 근처의 최신 쇼핑센터인 PLAZA Leon 2층에 있다. 점심은 오후 1시 30분부터이고, 가격은 다소 비싼 €16.35(약 2만 원)이다.

일주일 동안이나 무거운 배낭을 메고 1,000m 고원지대를 거의 매일 30km 가까이 걸어서 체력이 많이 소진되었다. 우리 입맛에도 맞고, 체력을 보충할 좋은 기회다.

산 마르코스 광장에서 북쪽으로 가면 오비에도로 가고, 산 마르코스 다리를 건너서 서쪽으로 가면 산티아고로 가는 갈림길이다.

Convento de San Marcos

 스페인 르네상스의 가장 상징적인 건물로, 박물관, 교회, 호텔(Parador)이 있다. 템플 기사단의 본부가 있던 곳으로 건물 전면의 길이가 100m나 되는데 외벽에 순례자 얼굴 형상과 지금까지 지나온 도시와 마을 풍경들이 부조(浮彫)되어 있다.

산 마르코스 수도원(Iglesia de San Marcos) 문 위에 말을 탄 산티아고 부조가 있다.

《천로역정》

　프랑스 길의 마지막 대도시 레온, 산 마르코스 광장에는 호세 마리아 아퀴나(José Maria Aquña)가 조각한 순례자가 신발을 벗어 놓고 십자가에 기대어 하늘을 올려다보며 편히 쉬고 있는 '고단한 순례자상(Monumento al Peregrino)'이 있다.
　동상 무릎은 순례자들이 얼마나 많이 만졌는지 반질반질 닳아 살이 보일 것 같다. 그는 구원에 이르기 위한 《천로역정(Pilgrim's Progress)》의 주인공인가?

산 이시도르 성당(Basílica de San Isidoro)

 레온 대성당보다도 더 오래된 11세기 페르난도 1세가 '성인들과 11명의 레온왕, 그 가족들의 유해'를 모시기 위해 지은 레온 왕국의 왕립 성당이며 로마네스크 양식으로 뛰어난 건물이다.

 제단 위에 있는 돔형의 아치와 벽돌이 반쯤 드러난 천정이 특이해 보였다. 성당 안의 기둥에서 로마글자를 찾아보는 것도 재미있다. 성당 오른편이 '자비의 문'이다. 병환 등으로 산티아고까지 갈 수 없는 중세 순례자들도 이곳을 통과하면 카미노를 완주한 것으로 인정을 받아 산티아고 순례와 똑같은 은총을 받을 수 있다고 한다.
 순례길을 마치면 어떤 은총을 받을 수 있을지 궁금하다.

중세 레온 성벽 (Antigua Muralla León)

수천 년 전의 시간여행을 떠나온 것 같은 레온의 도심에 남아 있는 로마 성벽

대성당으로 가는 골목길에
일련의 무리가 갑옷과 투구를 쓰고
병정놀이를 하고 있다.
시민들과 장난도 치고
골목에 활기를 불어넣어 주는 것
같아서 보기에 좋았다.
다른 사람에게 즐거움도 주고
자신들도 스스로 보람과 행복을
찾아가는 모습이 우리가 추구해야 하는 것이 아닐까?

레온 대성당(Catedral de León)

레온 대성당(€6)은 프랑스식 고딕 양식의 걸작으로
산티아고 대성당, 부르고스 대성당과 함께
순례길의 3대 성당으로 불린다.

건축 과정이 순탄치 않아 1199년 400년 만에 완성되어
오르도노 2세 왕이 아랍인들과 싸운 산 에스테반데고마스
전투 승리에 대한 감사로 하느님께 바친 성당으로
그의 유해를 이곳에 모셨다.

'풀크라 레오니나(La Pulcra Leonina)'로 불리는
125개의 스테인드글라스 창으로
스페인에서 가장 아름다운 성당이다.

보티네스 저택(Museo Casa Botines Gaudí)

가우디가 그의 평생 후원자인 구엘의 친구 페르난데스의 요청으로 아파트로 설계하였으나 현재 은행 건물로 사용 중이다. 정문에는 성 게오르기우스가 용을 찌르는 섬뜩한 조각상이 있다.

Albergue Santo Tomás de Canterbury

- 주상복합 아파트 1층 상가에 있는 사설 알베르게
- 레온 시내 초입에 있고, 가성비가 좋다(€8, bed 54개).
- 레온 대성당과는 약 3km 떨어져 있어 시내버스를 타고 가야 한다.
- 가능하면 대성당 가까운 숙소를 정할 것을 추천한다.
- 레온은 대도시이고 순례자가 많아 예약이 필수다.

※ 추천 공립 알베르게: Albergue Monasterio de Benedictinas
- bed 132개, €5(주방이 없음)
- 베네딕도 수도회에서 운영, 대성당과 가까워 인기가 많다.

Day 21
레온~산 마르틴 델 카미노(25.8km)

　이른 아침 길을 나서니 어둠 속에서 길가의 십자가가 나를 배웅한다. 일요일이어서 반려견을 산책시키는 사람 외에는 길거리에 다니는 사람도 없고 대부분 상점도 굳게 닫혀 있다.
　버스도 자주 다니지 않아 걸어서 가기로 했다. 길은 다시 대성당을 지나서 가도록 안내한다. 베르네스가 강의 산 마르코스 다리를 건너서 서쪽으로 가다가 외곽을 완전히 벗어나기 전 비르헨 델 카미노에 오니 문을 연 카페가 있어 커피와 빵으로 겨우 아침을 때웠다. 휴일 아침, 특히 비가 올 때는 카페가 문을 안 열거나 늦게 열어 미리 간식을 좀 챙기는 것이 좋을 듯하다. 숙소도 가능하면 시내로 하는 것이 좋다. 나는 숙소가 시내 초입에 있어 시내를 완전히 벗어나는 데 1시간 반이나 걸렸다.

길바닥에는 조가비, 발 모양의 동판이 길을 안내한다. 동판을 따라가다 보면 대성당을 비롯한 유적지를 보고 가게 되어 있다. 레온은 부르고스와 달리 순례자를 보호하던 기사단 본부가 있던 도시답게 카미노 안내 표식이 잘되어 있다. 콤포스텔라까지 309km 남았다는 팻말이 있다.

일요일 아침이라 순례자 외에는 아무도 없는 휑한 산 마르코스 다리

레온의 끝자락 비르헨 델 카미노의 십자가 뒤에 있는 육교를 건너서 간다.

금발의 머리를 한 '비올레타 할머니'
조국 불가리아의 국기를 달고 혼자 걷는다.
올해 환갑의 나이로 자신에 대한 선물이란다.

순례길을 마치고 빨리 가서 손자를 돌보고 싶다니
할머니의 마음은 어디를 가나 같다.

나처럼 영어도 능숙하지 않고
스페인어를 전혀 못 해도 무거운 배낭을 메고
혼자 용감하게 걷는 그녀에게 박수를 보낸다.

인적 없는 메세타 길에
숨어 있듯이 나타나는
무인 가판대
주고 싶은 만큼 주고
주는 만큼 받는 곳

나의 목마름을 채운 값이
다음 순례자를 위한 일이라니
이 얼마나 아름다운 것인가?

DONATIVO

순례길에서 가끔 반려견과
동행하는 순례자를 만난다.
반려견은 자신의 사료도
직접 등에 지고 간다.

반려견도 순례길을 좋아할지?
반려견에게 완주가
무슨 의미가 있는지?
생각할수록 궁금증이
더해진다.

아무튼, 좋은 동반자가
되었으면 하는 바람이다.

세요 (SELLO)

순례길에서 텃밭을 가꾸는 할아버지
순례자 마네킹을 세우고
나무 탁자에 사탕을 내놓고
세요(스탬프)도 준비했다.

아리따운 여인은 기꺼이 스스로
세요를 찍는다.

행복은 남이 주는 것이 아닌
자기 스스로 만드는 것이라는
생각이 든다.

산 마르틴 델 카미노(San Martin del Camino)

Albergue Santa Ana
– bed 96, €6, Meal €10

알베르게가 마을 초입에 있고, 작은 정원도 있어 좋았다.
일반 침대는 €6, 독방은 €30라고 해서 호스텔에서 하룻밤 자는 셈 치고 독방에서 동행자와 편안한 하룻밤을 보냈다.
저녁은 알베르게 식당에서 다른 순례자들과, 흥겹게 대화를 나누며 식사를 하였다. 나와 같은 테이블의 한 여성은 아일랜드 출신인데 호주에서 생활하며 자기의 50세 생일 기념 선물로 카미노를 하고 있다고 자랑했다.

매일 군대 막사 같은 곳에서 자다가 모처럼 호텔 같은 포근한 침대에서 자니 오늘 하루만이라도 나의 육신에 좋은 선물을 하는 것 같아서 기분이 좋았다. 시에스타 후에 작은 슈퍼에 순례자가 갑자기 몰려들어 물건이 부족하다.

Day 22

산 마르틴 델 카미노~아스토르가(24.08km)

 오늘 아스토르가의 공립 알베르게에 들어가기 위해 좀 이른 시간인 6시 10분에 길을 나선다. 아침에는 여전히 날씨가 쌀쌀하고, 달이 아직 서쪽 하늘에 남아 있는데 거의 보름달처럼 보인다. 오늘은 주로 시골길을 따라 걷는데 숲이나 그늘은 있어도 인적이 드문 곳이어서 물과 간식을 챙겨야 한다.

 자동차 길 옆의 소로를 따라 걷는데, 노란 조가비와 화살표가 있는 표지석에 'TRADITIONS ARE CASH COWS REGARDING CONSCIOUSNESS' 라고 영어로 적혀 있다. 전통을 잘 지키자는 뜻이겠지···.

망루처럼 서 있는 갈색 급수탑이 동네의 랜드마크다.

봄이 오니 농부는 바쁘다. 밭을 갈고 씨를 뿌리고, 트랙터 소리가 요란하다.

메세타가 거의 끝나니 마을 뒤로 멀리 며칠 뒤 넘게 될 순례길에서 가장 높은 레온 산맥(1,515m)이 보인다.

오르비고 다리 (Puente de Órbigo)

　오래된 중세 다리 중 하나인 이 다리는 20개의 아치로 된 카미노에서 가장 긴 돌다리로, 그 옆으로 옛 투우장이 있다.

　1434년 레온 출신 기사 돈 키뇨네스(Don Seuro de Quinones)가 레온 귀족 부인에게 사랑을 고백하여 실패하자 사랑을 받아 줄 때까지 다리를 지키겠다고 한 달 동안이나 이 다리 위에서 마상 창시합을 하였다고 한다.

　그 후 사랑에 대한 집착을 버리고 자신의 명예 회복에 감사를 드리기 위해 산티아고로 갔다는 전설이 있는 일명 '명예로운 걸음의 다리(Puente del Paso Honoroso)'다.

　그의 기사도 정신은 세르반테스의 《돈키호테》에 영감을 주었고, 지금도 매년 6월 다리 옆에서 마상 창시합이 열린다.

정신의 길

부르고스에서 라바날 델 카미노까지는 정신의 길, 열기가 후끈거리는 황무지를 걸어가며 지친 몸을 지탱해 줄 정신이 필요하다.

황톳길을 걸어서 고갯마루에 오니 허수아비 순례자상과 십자가 아래
작은 돌에 †MARCOS 12:28-34,
하느님의 첫째와 두 번째 계명, 즉
"하느님을 사랑하고, 이웃을 내 몸같이 사랑하라"는
말씀을 새겨 두었다.

El Oasis del Camino

구름도 쉬어 가는 시간, 나도 잠시 가던 길을 멈추고 배낭을 내려놓는다.

허름한 무인 가판대에는 "본질의 핵심은 존재(La llave de la Esencia es la presencia)"라는

마법의 장소, 오아시스

알 듯 말 듯한 말이 적혀 있다. 그 말의 의미를 곰곰이 되씹어 본다.

토리비오 십자가(Cruz de Santo Toribio)

아스토르가 시내가 한눈에 내려다보이는 곳에 커다란 대리석 십자가가 서 있다. 저 아래 아스토르가 마을에서 억울한 누명을 쓰고 추방당한 산토 토리비오 주교를 위해 후일 이를 안 마을 사람들이 그를 기리는 십자가를 세웠다고 한다.

그는 이곳에서 마지막 작별 인사를 하며 무릎을 꿇고 혼자 중얼거렸다. 진실은 언젠가 밝혀지리니. 그리고 말했다.
"아스토르가 소유라면 먼지도 가져가지 않겠다!"

　토리비오 십자가를 지나 내리막길에서 기타를 치며 산티아고 노래를 부르는 노신사를 만났다. 그는 단순히 돈 몇 푼을 벌기 위해서 노래를 하는 것 같지는 않았다. 지친 순례자들에게 즐거움을 주고 자신도 여가 활동을 하는 보람찬 일로 보여서 기꺼이 잔돈을 내놓는다.

　그 아래는 고개를 넘어온 순례자들을 위한 식수대와 함께 물을 마시는 순례자상이 있다. 마치 나에게 물 한 잔을 권하는 것 같았다.

아스토르가 대성당
(La Catedral de Santa María de Astorga)

해발 900m의 고원마을 아스토르가는 프랑스 길과 로마 길이 세비야에서 올라오는 은의 길과 세 길이 만나는 곳이며 중세 많은 순례자 구호시설이 있었던 요충지였다.

아스토르가 산타마리아 대성당은 15~18세기까지 오랜 기간 동안 지어지면서 로마네스크와 고딕, 바로크 양식이 혼합된 건축물이다.

쌍둥이 탑의 왼쪽 주탑은 연회색, 오른쪽 주탑은 붉은색 대리석으로 되어 있어 매우 아름답고 우아하다.

주교 궁(Palacio Episcopal)

안토니 가우디가 아스토르가의 대주교 궁전으로 설계했으며 마치 성처럼 보이는 오각형 구조로 되어 있어 방향에 따라 다르게 보이는 환상적인 아름다운 신고딕 양식의 건물이다.

성당 측과 마찰로 가우디가 그만두고 현지 건축가 리카르도가 완성했지만 건물이 주교의 권위와 안 어울린다고 하여 한 번도 사용하지 않았고 지금은 카미노 박물관으로 사용 중이다.

건물은 영원하고, 사람은 바뀔 텐데 사람의 지위와 건물의 권위를 어떻게 일치시켜야 할까?

17세기 바로크 양식의 파사드와 쌍둥이 탑이 아름다운 시청과 에스파냐 광장

레스토랑과 상점은 시청 앞 중앙 광장과 산토실데스 광장에 있다. 모처럼 파스타를 먹으러 갔는데 식탁 다리가 재봉틀로 되어 있다.

산토실데스 광장에 가면 이베리아반도 전쟁(1808~1814) 당시 아스토르가에서 벌어진 공성전의 승리를 기념하여 세운 사자가 독수리를 짓밟고 포효하는 사자상이 있다.

초콜릿 박물관(Museo del Chocolate)

Albergue San Peregrinos Siervas de Maria

- 지역 순례자협회에서 운영하는 공립 알베르게
- 침대 156개, €5, 현대식 지상 3층, 지하 2층 대형 건물

두 사람이 같이 들어가면 반드시 한 명은 2층 침대로 배정하므로 나같이 나이 든 사람이나, 몸이 불편하여 꼭 1층 침대를 사용할 사람은 따로 입장하는 것이 좋을 듯하다.
2층 침대는 노약자들에게는 매우 불편하고, 특히 야간에 침대 가드가 없으면 위험하다.

Day 23

아스토르가~라바날 델 카미노 (21.4km)

아스토르가 일출

어둑어둑한 새벽에 대성당을 향하는 골목길을 따라 아스토르가를 벗어난다. 기원전 15년 로마군 제10군단이 주둔한 곳으로 로마 유적이 많이 남아 있어 하루를 더 묵고 가도 좋겠다는 생각이 들 정도로 정이 가는 도시다.

순례길은 동에서 서로 이동하기 때문에 아침노을을 보기 쉽지 않지만 이른 아침 동트기 전에 붉은 노을은 북서쪽 하늘까지도 길게 물들인다.

바람 한 점 없는 맑은 날씨에 불그스레 물든 하늘을 보다가 뒤돌아보니 동쪽 하늘이 불타듯 붉게 타오르고, 힘차게 솟아오르는 태양이 감동적이다. 이렇게 아침노을에 감동한 적은 없었는데 산티아고 길에서는 자주 볼 수 있어 하루를 빨리 시작하는 보람을 느낀다. 오늘도 아침노을이 멋진 하루를 열어 준다.

기적의 샘

가시 면류관을 머리에 쓴 그리스도(ECCE HOMO)의 예배당

우물에 빠진 아이를 어머니의 간청으로 그리스도가 구해 주셨다는 기적의 성당이다.

여기서 물을 마시고 가면 십자가의 표징을 받아 무사히 목적지까지 도달할 수 있다는 전설이 있는 곳

입구에는 여러 나라 언어 중, 한글로 '신앙은 건강의 샘'이라고 표시하고 순례자를 위한 수도꼭지를 해 두었다. 기적의 물을 마시지 않을 수 없다.

느리게 걷는 법

청년에게 물었다.
왜 자전거를 타지 않고
끌고 가는지?

청년은 답했다.
처음에는
반려견과 함께 걸었다.
걸음이 점점 빨라졌다.

여기는 느리게 걷는 길
고장 난 자전거를 주워서
느린 삶의 지혜를 맞춘다.

일정에 차질이 있을까 봐, 잠자리를 구하지 못할까 봐
앞만 보고 빨리빨리 걸은 내가 부끄럽다.

소모사(SOMOZA) 마을 가는 길에
'마태복음(Mateo 19장: 16-30)'을
새긴 시멘트 콘크리트가 있다.

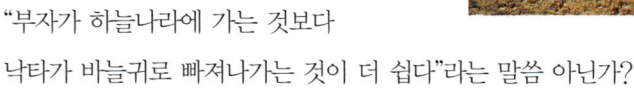

"부자가 하늘나라에 가는 것보다
낙타가 바늘귀로 빠져나가는 것이 더 쉽다"라는 말씀 아닌가?

버팀목

금방 쓰러질 듯한 돌담을
버티고 있는 나무 십자가

저 크고 작은 돌멩이 같은
내 마음의 버팀목은 무엇일까?

중세시대보다 더 상실감을 불러일으키는 폐허 직전의 엘 간소(El Ganso) 마을

숲속 철조망에 순례자들의 염원을 담은 나뭇가지 십자가

우보만리

이제 메세타가 끝나고 드문드문 집도 보이고 가축들도 보이기 시작한다. 하얀 의자들이 예쁘게 놓여 있는 카페에서는 멀리 레온산맥이 보이기도 한다.

하늘의 구름과 풀밭에 앉아 있는 소가 한 폭의 수채화처럼 보기만 해도 너무 평화롭다. 유순하고 묵묵히 일하는 성실함의 대명사인 소는 우리 인간에게는 큰 자산이자 동반자이다. 게다가 흰 소는 신성한 기운을 가졌다니 거룩한 순례길을 우보만리(牛步萬里)처럼 서두르지 않고 묵묵히 걸어간다.

드디어 저 멀리 성당의 종탑이 보이는 것을 보니 라바날이다. 고색창연한 낡은 돌담이 정겨운 집들 사이로 성당이 보이기 시작한다.

라바날 델 카미노(Rabanal del Camino)

메세타가 끝나는 지점에
지친 육체를 누이고
맑은 정신을 가다듬을 수 있는
산티아고 순례길의 숨은 성지

1,150m의 고원에 있는 마을
라바날 델 카미노

담장은 무너지고
순례자 외에는 인적이 드문
원시의 마을 그 자체
온 세상의 등불이 되소서

성모승천 성당
(Iglesia de la Asunción de Rabanal del Camino)

12세기 1,500m가 넘는 험준한 폰세바돈 언덕을 넘는 순례자들을 보호하기 위해 이곳에 있던 템플기사단이 세웠다고 전해지는 성모승천 성당이다.

벽돌이 다 드러나 천정이 무너질 듯한
낡은 내부 시설로 난방도 없이
오직 십자가만 걸려 있을 뿐,
낡은 피아노도 한 대 없이
오로지 참석자의 육성으로만
바티칸처럼 그레고리안 성가로
매일 미사와 기도회가 열린다.

야생의 자연을 닮은 원시교회

필라 알베르게(Albergue Nuestra Señora del Pilar)

- 목재 2층 침대 72개, Donation(€5), Bfast €3
- 주방, 넓은 야외 휴식 공간, 빨래터가 있다.
- Bar가 함께 있어 사서 먹을 수도 있고 주방에서 직접 해서 먹을 수도 있다.
- 한국어 메뉴판이 있고 라면, 김치도 먹을 수 있다.
- 주인 이사벨 할머니도 친절하고, 연박도 가능하다.

※ Rabanal del camino는 작지만 험한 폰세바돈을 넘기 전에 자고 가는 순례자들이 많아서 알베르게와 호스텔이 10여 개 있다. 옛날 중세시대에는 이들을 보호하기 위한 템플기사단이 주둔하고 있었다고 한다.

※ Tienda La Despensa는 마을에 유일한 편의점으로 미사 시간과 오후 7시에는 문을 닫는다. 쌀, 소시지, 채소, 라면(김치라면, 컵라면), 파스타 면 등 식음료품과 생필품을 판다. 늦으면 물건이 떨어질 때가 있다.

Day 24~25
이라고 수도원

    라바날 델 카미노에는 800년 전에 세워진 기적의 성모승천 성당과 함께 '하느님을 섬기는 삶'을 순명처럼 여기는 베네딕도 수도회 소속 '산 살바도르 델 몬테 이라고' 수도원(2001년)이 있고 거기에 한국에서 파견된 신부님이 계신다.

수도원의 하루 일정

07:30 아침기도(Laudes) 후 조식
09:00 미사
11:00 신부님과 나눔의 시간
12:30 미사(주일과 대축일)
14:00 점심(묵언) 후 담소(30분)
15:00 낮잠 자는 시간(Siesta)
16:30 신부님과 나눔의 시간
19:00 저녁기도(Vísperas) 후 석식
21:30 끝기도(Completas)와 순례자 축복

Monasterio de San Salvador del Monte Irago

인영균 신부(좌)와 주임신부(우) 가운데 나와 강성숙 선배

성 베네딕도회 몬테 이라고(Monte Irago) 수도 공동체는 라바날 델 카미노 마을에서 주민과 순례자를 위한 작은 교회를 운영하고 있다.

수도원에는 스페인 사제 1명, 독일 사제 1명, 한국 인영균 신부, 베네수엘라 수도사 1명, 캐나다 봉사자 1명 등 총 5명이 피정의 집, 헌금, 기부금으로 수도원과 성당을 운영한다. 이들은 식사, 청소, 텃밭 가꾸기, 성물 판매, 강의도 직접 한다. (인영균 끌레멘스 신부님은 2020년 9월 귀국하고 안강욱 호영 베드로 신부님이 새로 부임했다.)

이라고 수도원 피정의 집

좌로부터 동행자 강성숙, 캐나디안 봉사자, 다니엘 부부, 그리고 나

수도원 '피정의 집'은 매년 5월부터 10월 중순까지 종교와는 관계없이 하루 4~5명 정도만 2일 이상 머무르는 조건으로 받는다. 숙식비용은 기부제(Donation)로 되어 있다. 수도원은 신부님들이 거주하는 사제관과 순례자들이 머무는 피정의 집으로 나누어져 있다. 많은 순례자가 수도원에 입소하기 위해 알베르게에서 대기하고 있기도 하다.

나는 운 좋게 아르헨티나에서 온 다니엘&비비안나 부부와 함께 2박 3일을 피정의 집에서 숙식하며 미사와 기도회에 참석했다. 부부는 영어를 전혀 못하고 스페인어만 구사하여 거의 대화를 나누지 못하였지만 즐겁게 지냈다. 수도원 생활은 쉽지 않았다. 수도원의 하루 일정은 아침 첫 기도회부터 저녁 마침 기도회까지 기도와 미사, 강연 등으로 하루가 빠듯했다.

텃밭에서 직접 채소를 가꾸는 신부님

마치 제주도와 같이 돌담이 정겨운 마을이나 황량한 담장 너머로 폐허가 된 집들을 보면 서글퍼지기도 한다. 그래도 이 작은 마을에 성당이 2곳이나 있다.

Chapter 04
영혼의 길

Day 26
라바날 델 카미노~폰페라다(33.3km)

라바날에서 계획에도 없던 베네딕도 수도원 입소로 3일간을 머물고 신부님의 만류를 뿌리치고 새벽에 쌀쌀한 아침 공기를 마시며 길을 나선다. 오늘은 1,430m나 되는 텔레노 산(Monte de Teleno)을 넘어 폰페라다까지 8시간이 넘게 걸릴 예정이다. 아침부터 바람이 강하여 체감온도가 거의 0도에 가까울 정도로 추워서 손바닥을 호호 불며 걷는다.

라바날 델 카미노에서 산티아고 데 콤포스텔라까지는 영혼의 길(깨달음의 길)로 순례길이 어떤 길인지 알게 된다.

오늘은 철 십자가가 있는 1,500m까지 올랐다가 폰페라다까지 550m는 다시 내리막길이다.

폰세바돈 가는 길

　옛날에는 이 길에 노상강도와 늑대가 떼를 지고 살아서 순례자에게는 공포의 길로 알려져 있다. 그래서 라바날에 템플기사단이 주둔하고 있었다. 지금은 조금 낡았지만 조용하고 공기 맑은 살기 좋은 목가적인 마을로 변했다.

폰세바돈 마을

가는 곳마다 십자가를 세우고, 십자가에 의지해 사는 마을
십자가는 이 척박한 땅에서 이들이 살아가는 힘이다.
무너진 폐가를 세울 기력도 없어 겨우겨우 버티고 있는 마을
산과 맞닿은 하늘이 구름 한 점 없는 아침을 선물한다.

구원의 십자가

십자가는 가장 보편적인 구원과 그리스도교 신앙의 상징

철 십자가 (Cruz de Fierro)

　카미노 길 중 가장 높은 1,500m 구간인 이곳, 이라고 산(Monte de Irago) 정상에 은둔 수도자 가우셀모가 십자가를 세우고 중세 순례자들이 고향에서 가져온 돌을 봉헌하며 걱정거리를 함께 버렸다고 한다.

　이곳을 지나는 순례자들은 무거운 짐을 내려놓듯이
각자의 고향에서 가져온 돌에 염원을 담아 두고 간다.
떡갈나무 기둥 틈에도 돌이 빠지지 않도록 단단히 끼운다.
가끔은 사랑하는 가족, 친구 사진을 걸기도 한다.
나는 그냥 아무것도 없는 돌에 마음을 담아 두고 간다.
글로 적지 않더라도 그분은 내 마음을 아실 테니까.

　이 많은 소망과 기원을 '철 십자가'인들 감당이 될지 염려가 된다. 그래도 나는 믿는다. 그분은 전능하신 분이시니까.

폰세바돈 언덕

'철 십자가'를 지나 카미노 길에서 제일 높은 폰세바돈 언덕을 넘어 푼토 봉의 산허리를 감고 하산하는 길이다. 멀리 흰 눈이 남아 있는 칸타브리아 산맥이 보인다. 이제 힘든 메세타 고원지대는 끝나고, 이 길 끝에서 중세 풍의 순례자 다리(Puente De Molinaseca)를 건너면 노천카페가 줄지어 있는 몰리나세카 마을이다. 생각만 해도 고향 같은 아름다운 마을이 기다리고 있을 것 같다. 그런데 내리막길이 온통 너덜길이다. 같이 걷던 한국 여학생이 다리를 삐어서 절뚝거리며 걷는다. 도와줄 방법이 없어 안타깝다. 나도 조심조심 걷는다.

만하린(Manjarín)

깊은 산속에 태극기가 휘날린다. 만하린(Manjarín) 카페 겸 호스텔, 단순히 카페인 줄 알았는데 숙박도 한다.

주인이 골동품 주전자에 물을 끓여 커피를 마실 수 있는데 커피값은 기부제(Donation)다. 커피를 한 잔 주문하여 간식을 먹으며 잠시 쉬어 간다.

천국 같은 이곳은 우물도 화장실도 외부에 있어 현대문명에 익숙한 우리가 머물기에는 많은 용기가 필요할 것 같다.

흔적

오래전에 레온산맥의 이 험한 산중에 그리스도인들이 많이
살았던 흔적이 있다. 여기저기 폐교회가 방치되어 있고,
길가에는 신을 찬양하는 돌과 십자가도 보인다.

지독한 박해에도 불구하고
지금도 깊은 신앙심으로
마을을 지키고 있다.

신앙심이란
어디서 나오는가?

하산 길

저 멀리 아득히 보이는 폰페라다 시내

몰리나세카

마지막 메세타를 힘들게 내려온 순례자에게 메루엘로 강(Rio meruelo)의 시원한 물과 아름다운 카페가 반갑게 맞는다.

몰리나세카 다리를 건너서부터는 좁은 골목 양 옆으로 호텔과 카페, 레스토랑, BAR가 즐비하게 자리를 잡고 있어 맛있는 식사를 할 수 있다.

마을의 중심에는 17세기의 바로크 교회인 산 니콜라스 성당(Iglesia de San Nicolás)이 우뚝 서 있다. 아름다운 올리브 나무가 있는 아트리움으로 둘러싸여 방문해 볼 만하다.

일본-스페인 CAMINO 교류 기념비

    몰리나세카 마을을 벗어나 산토크리스토(Plaza Santo Cristo)의 산티아고 상 앞에 일본-스페인 CAMINO 교류를 기념하는 돌비석이 하나 서 있다.

    일본은 벌써 10년 전부터 이 길과 교류를 하였다고 하는데, 요즘 우리도 많은 사람이 이 카미노 길을 걷는데도 제대로 된 정부나 민간교류가 없다니 아쉽다.

폰페라다 (Ponferrada)

　폰페라다(Ponferrada)는 레온주에 있는 도시로 인구가 약 7만 명이 거주하는 미뉴강의 지류인 실 강이 관통하는 큰 도시다. 로마 제국 시대부터 광업의 중심지로 성장했으며 도시 기반이 확립된 시기는 11세기다. 도시 이름은 '철로 된 다리'를 뜻하며 이는 1082년 오스문도(Osmundo) 주교가 순례하던 도중에 실 강에 다리를 세운 데서 유래되었다.

캄포(Campo) 마을에서 보이는 강 건너 폰페라다 주택가

알베르게 산 니콜라스 데 플뤼에
(Alb. de Peregrinos San Nicolás de Flue)

카르멘 성당(Capilla de Nuestra Señora del Carmen) 부속
- Bed 180개, 기부제(Donation)

교구의 노인들이 호스피탈레로 봉사를 하고 있고, 현대식 시설을 갖춘 대형 알베르게다. 도착하면 시원한 매실차를 준비해 두었다.

숙박비는 Donation Box에 넣도록 하고 있는데, 확인하지 않지만 적절한 금액을 넣는 것을 잊지 말자.

숙소는 지하의 대형 룸이어서 콘센트가 부족하다. 식당과 빨래터는 넓고 잘되어 있다. 10분 거리에 대형 슈퍼마켓이 2개나 있다.

Day 27

폰페라다~비야프랑카 델 비에르소(24.1km)

시내에서 템플기사단의 성까지는 길 안내가 잘되어 있다.

실 강(Rio Sil) 옆에 우뚝 솟은 폰페라다 성은 보존 상태가 아주 좋고 밖에서 봐도 웅장해 보인다. 순례길은 성 앞 다리를 건너기 전 성 우측으로 가야 한다. 다리를 건너면 신도시로 외곽에서 순례길과 다시 만나는 지름길이기는 하지만 순례자들이 거의 없고 길 표시도 잘되어 있지 않다.

12세기에 건설된 '폰페라다' 성

아라곤의 왕 '페르난도 2세'가 순례자들을 보호하기 이 도시를 템플기사단에 맡겼고, 그들은 폰페라다 성을 쌓고 순례자들을 보호하였다. 그러나 템플기사단이 점차 재산이 많아지고 세력이 강해지게 되자 재산을 탐낸 교황과 왕이 결탁하여 템플기사단을 해체하고 재산을 빼앗았다는 슬픈 역사를 가진 곳이라고 한다. 권력이란 옛날이나 지금이나 오래되면 초심을 유지하기가 쉽지 않은가 보다.

 나는 길을 잘못 들어 신도시를 향해 걸었다. 방향만 맞으면 어차피 카미노 길과는 다시 만나게 되어 있다. 폰페라다 시내를 벗어나 외곽 자동차 길에 우리나라 자동차 회사 대형 광고판이 있다. 알고 보니 Adarsa 주변에는 벤츠, 미쓰비시 같은 세계 유수의 자동차 대리점이 몰려 있다. 광고판을 보는 순간 나도 가슴이 뿌듯하다.

 마침 로댕의 '생각하는 사람'과 비슷한 조각상도 있어 국가란 무엇인가?
 국력이란 어떤 것인지 다시 한번 생각하게 된다.

　몬클로아 데 산 라자로(Moncloa de San Lázaro)는 폰페라다에서 11km 떨어진 산티아고 순례 루트에 있는 3성급 호텔이다. 바닥과 천장이 목재로 되어 있는 매력적인 호텔이라고 한다. 나중에 여행을 와서는 이런 곳에서 한번 자고 싶다.
　카카벨로스에 오니 겉모습부터 기이한 돌 예배당(Capilla San Roque)이 있다. 안으로 들어가니 많은 기독교 유물, 아이콘 및 동상이 전시된 종교 박물관 같다.

그 옛날 화려한 포도 농가는 어디로 가고 황폐한 옛날 가옥만 서글프게 자리를 지키고 있다.

포도밭

폰페라다 외곽마을 캄포나라야(Camponaraya)를 지나고부터는 광활한 포도밭이다.

봄마다 탄생의 기쁨을
여름에는 인내심을
가을에는 수확의 감사를
겨울에는 포도주의 향기를 주는
신의 선물이 아닌가?

포도를 발효시킨 포도주와
쌀을 발효시킨 막걸리 중
어느 것이 내 몸에 맞을까?

지금은 사용하지 않지만 마을에 포도 압축기가 남아 있다.

비야프랑카(Villafranca del Bierzo)

마르케세스 성과 궁(Castillo-Palacio de los Marqueses)

우리나라에 〈스페인 하숙〉으로 많이 알려진 순례길의 작은 마을 '비야프랑카 델 비에르소'

중세에는 그리스도교 교구가 있을 정도로 큰 도시였지만 지금은 인구 5,000명도 안 되어 순례자 외에는 사람 만나기도 힘들 정도로 쇠락해 가는 도시다. 중세시대 쇠약해진 사람이나 전염병 등 피치 못할 사정으로 더는 산티아고까지 갈 수 없는 사람은 여기까지 와서 순례를 중단해도 여기 있는 '용서의 문'을 통과하면 자비의 '순례 인정서'를 받았다고 한다.

지금도 옛 성곽과 왕궁, 교회 그리고 골목의 낡은 집들이 마치 중세시대로 돌아간 듯한 느낌이 있는 도시다. 성당도 여러 개 있고 의외로 알베르게 등 숙소가 10개도 넘는다. 포도 농장과 멋진 레스토랑이 많이 있는 것을 보면 이 아름다운 마을을 보기 위해 요즘도 관광객들이 많이 오는 것 같다.

용서의 문 (Puerta del Perdón)

1186년 Astorga 주교의 지시로 세워진 이 아름다운 교회의 북쪽 출입구에 있는 '용서의 문'을 통과하면 산티아고에 도착한 것으로 인정해 준다고 했다.

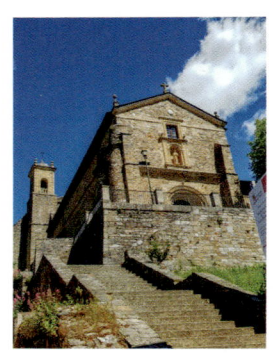

산 프란시스코 교회

산 프란시스코 교회는 Doña Urraca 여왕에 의해 1213년에 설립된 프란시스코 수녀원이었다.

건물은 로마네스크 양식의 외관을 하고 있어 무척 아름다우며, 높은 지역에 있어 여기에서 Villafranca del Bierzo의 환상적인 경관을 볼 수 있다.

산 니콜라스 엘 레알 성당
(Iglesia de San Nicolas El Real)

　원래 예수회 학교였던 바로크 양식의 17세기 예수회 수녀원. 19세기 초에는 지방 의회의 소재지였다. 지금은 성당, 호텔, 레스토랑, 알베르게 등으로 사용하고 있다.
　이 건물 뒤 부속건물에 인기 드라마 〈스페인 하숙〉을 촬영한 알베르게가 있다.

흉상 조각품
(Busto de Norberto Bebéride)

산 니콜라스 엘 레알 성당 맞은편에 좀 무서운 흉상이 하나 놓여 있다. 옛 수도회 회원의 두상이라고 한다.

〈스페인 하숙〉 알베르게

TV 인기 프로그램 〈스페인 하숙〉 촬영지, 비야프랑카 산 니콜라스 알베르게(Alb. Hospedería San Nicolás El Real)

중세(17세기) 수녀원이었던 곳을 지금은 성당, 호텔, 호스텔, Restaurant과 건물 뒤 부속건물을 알베르게로 사용 중이다.
- €8, bed 103개
- 카미노 길에서는 약간 벗어나 있으며, 〈스페인 하숙〉 덕분에 내부 식당이 잘되어 있다.
- 노파 호스피탈레라는 지극히 사무적이며 이용자 대부분이 한국 순례자들이다.
- 잘 정돈된 식당 외에는 〈스페인 하숙〉의 흔적은 찾아볼 수 없다.

드라마 〈스페인 하숙〉에서 차승원이 요리를 하던 주방과 식당

마요르 광장을 중심으로 예쁜 레스토랑과 상점이 많이 있다.

Day 28
비야프랑카 델 비에르소~라 라구나 데 카스티야(25.9km)

Monumento a Santiago Peregrino

비야프랑카 알베르게에서 하룻밤을 보내고, 다음 날 새벽 골목길을 빠져나와 부르비아 강의 중세 다리를 건너려니 고맙게도 야고보가 우리를 전송하기 위해 먼저 나와 계신다.

중세다리

Puente Medieval de Villafranca

    야고보의 전송을 받으며 4개의 아치가 있는 부르비아 강(Río Burbia) 위의 중세 다리를 건너 오늘의 목적지 오세브레이로(O' Cebreiro)로 향한다. 다리를 건너면 대체 루트를 포함해서 길이 3개나 있다. 나는 추천 루트인 프라델라로 올라가는 좁은 길을 놓쳐서 지름길인 주도로를 따라서 걸었더니 아스팔트 길이라서 다리에도 무리가 왔지만, 차들이 많이 다녀서 위험했다.

    비야프랑카가 해발 530m, 오세브레이로는 1,330m이고, 중간에 930m의 프라델라봉을 넘어야 한다. 순례길 전체 여정에서 가장 가파른 길을 넘어 갈리시아로 진입하는 고된 하루가 기다리고 있다. 이제 남은 거리는 162km, 1주일 후면 최종목적지 산티아고에 도착할 수 있다.

가는 곳마다 이처럼 황폐한 집들을 보면 누가 농촌에서 살고 싶겠는가?

그러나 아직도 사람의 온기가 남아 있는 곳은 예쁜 꽃들이 자라고 있다.

길동무

여행의 즐거움 중 하나는 다양한 사람을 만날 수 있다는 것이 아닐까?

프라델라봉을 넘어온 순례자들과 만나는 트라바델로 마을 카페 앞 의자에서 잠시 휴식을 하던 중 중국계 미국인 사만타 후(Samantha Xu: 가운데)와 그의 친구를 만나서 산티아고 콤포스텔라까지 가면서 만나고 헤어짐을 반복했다.

후(Xu)는 인도에서 엔지니어로 근무하는 아들을 둔 싱글 맘이었다. 외모는 나와 똑같은데 한국말이 안 통하니….

하느님이 얼굴이 같으면 말도 같게 만들었으면 좋았을 텐데.

순례를 마치고 산티아고 콤포스텔라에서 마지막 인사를 나눌 때 너무 아쉬웠다. 부디 행복하길 빈다.

꿈(Dream)

비야프랑카를 출발하여
오늘의 목적지 오세브레이로(O'Cebreiro)로 가는 중
고도 800m의 에레리아스 마을부터는 가파른 계곡 길이다.

너무 힘들어 잠시 쉴 곳을 찾는데
나무 널빤지에 "꿈이 무엇이냐?"고 묻는다.

What are your Dream?

지금 나의 소망은 쇠똥 냄새가 지독한
이 가파른 언덕길에서 빨리 벗어나는 것뿐.

말(馬) 타고 순례

순례하는 모습은 다양하다.

걸어서 가는 사람

자전거 타고 가는 사람

오늘은 말(言)로만 듣던 말(馬)을 타고 가는

남녀를 처음 만났다.

남녀 두 사람이 말 두 필을 타고,

두 마리는 예비로 데리고 가니 그 비용이 얼마일까?

순례가 아니고 유람(遊覽)인가?

라 라구나 (La laguna)

가파른 계곡을 벗어나 La Faba에 오니 뒤따라오던 한국 여학생이 한숨을 쉰다. 무슨 일이냐고 물으니 '까·친·연[6]에서 오늘의 목적지, 오세브로이로의 숙소가 단체 관광객들로 모두 만원이라고 한다. 할 수 없이 바로 아랫마을인 라구나에서 자고 내일 아침에 출발하기로 했다.

나중에 알았지만, 그 정보는 전혀 사실이 아닌 잘못된 것이었다. 잘못된 정보로 우연히 묵게 된 해발 1,150m의 라 라구나는 카스티야 이 레온의 마지막 마을로 밭농사를 지으며 소를 키우는 전형적인 산골 마을로 마치 우리나라 강원도 깊은 골짜기 같았다.

Albergue La Escuela
- €9, Bed 20개, 주방이 없어서 사서 먹어야 한다.

나는 동행자들과 4명이 침대 5개 있는 독방을 €50에 얻었다. 이 산골에서 송아지 갈비찜, 쌀밥과 와인을 €10에 실컷 먹을 수 있다니….
여행이란 아무리 계획을 세우더라도 뜻밖의 일들이 생긴다. 여행의 맛이란 이렇게 예상치 못한 일이 잘 풀릴 때 또한 재미가 있지 않을까?

---

6   까미노(Camino) 친구들 연합(일명 '까·친·연')이라는 네이버 카페로 산티아고 순례길에 대한 정보를 공유하는 단체 톡이며 출발 월별로 운영하는 대화방이다.

Albergue La Escuela 외부(상)와 내부(하)

Day 29
라 라구나 데 카스티야~트리아카스텔라(23.6km)

오늘부터 갈리시아(Galicia) 지방으로 들어선다. 비록 잘못된 정보로 전혀 생각지도 않은 산골에서 자고, 해 뜨기 전 오세브레이로를 오르며 뒤돌아보니 라구나 마을의 불빛이 전송하듯 빛난다.

오세브레이로(O' Cebreiro)

Santuario de Santa María a Real

　이곳은 해발 1,330m의 칸타브리아 고개로 카미노 길에서 가장 오래된 건물이며 현존하는 가장 오래된 산타마리아 왕립성당(Ieglesis de Santa Maria a Real)이 있다.
　오만한 사제가 농부에게 건넨 빵과 포도주가 그리스도의 살과 피로 변했다는 전설인 '오세브레이로의 성체 기적'이 일어난 곳이다.
　1486년 욕심 많은 이사벨라 여왕이 산티아고 순례 여행 중 기적의 성배를 가져오도록 했으나 꿈쩍도 하지 않아 성당 안에 현재까지 보관하고 있다고 한다.
　성당 뒤 묘지에는 카미노 길의 노란 화살표를 만든 돈 엘리아스 발리나 삼페드로(Don Elias Valina Sampedro) 신부가 잠들어 있다.

빠요사 박물관(Palloza Museo)

해발 1,300m의 산꼭대기에 세찬 비바람과 눈보라를 견딜 빠요사(Palloza)라고 하는 짚으로 지붕을 올린 켈트족의 전통가옥인 석조주택 빠야사(Pallaza)

Albergue Municipal de O'CEBREIRO
(de peregrinos de la Xunta de Galicia)
- bed 90개, €8(이외에 호텔, 호스텔이 있다.)

산 로케 고개 (Alto de San Roque 1,270m)

오세브레이로를 지나 오르막을 오르면 '산 로케 고개'에 갈리시아 출신 조각가 호세 마리아 아퀴나의 순례자상이 있다. 한 손으로는 바람에 날려 갈 듯한 모자를 잡고, 다른 한 손으로는 지팡이를 짚고, 비가 오나 눈이 오나 산티아고 대성당 쪽을 바라보며 그 자리에서 순례자를 맞이하고 있다.

행복의 길

이렇게 아름다운 길에서
두 사람씩 짝지어
걷고 있는 부부를 보니
보는 사람도 즐겁다.
길이 아무리 험하고 멀어도
부부가 함께 간다면 얼마나 행복할까?

오세브레이로 하산 길

눈부실 만큼 아름다운 것이 언제나 좋은 것은 아니다.
그러나, 좋은 것은 언제나 아름답다. - 니농 드 랑크로

    주인 잃은 대문에는 장미꽃이 예쁘게 피어 있고, 표지석에는 이제 남은 거리가 149km밖에 안 된다.

야생화 마을

오세브레이로부터 트리아카스텔라까지는 고도를 약 800m나 내려가는 급경사 길이나 마가렛꽃, 개나리꽃 등 야생화가 눈을 즐겁게 한다.

다만, 경사가 급하고 갈리시아 지방의 우기 때는 비가 오면 자갈길이 미끄러워서 야생화에 마음을 빼앗기면 위험하여 주의가 필요하다.

목장 부부

부부도 오랫동안 같이 살면 닮는다.
닮은 정도가 많을수록 행복도가 높다.

동물도 주인을 닮는가?

비탈진 목장에는 건강한 육우들이 자란다.
소들도 주인을 닮아 온순하여
주인이 오니 저절로 모여든다.
소가 아니라 가족 같다.
반려 소라고 해야 하나

저렇게 정이 들면 어떻게 보낼까?

오스피탈 데 라 콘데사 마을

    최초 순례자병원이 있었던 오스피탈 데 라 콘데사(Hospital de la Condesa) 성당은 종탑과 산티아고를 받쳐 든 십자가뿐, 갈리시아 지방의 악천후 때문에 교회나 주택이 석조로 된 것이 많다.

고목

오르비오 강가에 고색창연한 오크나무와 밤나무 숲이 우거져 세월의 흔적을 고스란히 안고 살아온 천년 묵은 고목이 은빛 머리 곱게 빗은 우리 할머니처럼 부끄럼도 없이 쭈글쭈글한 뱃가죽을 드러내 놓고 있다.

폐가를 지키는 고양이

마을의
쓰러져 가는 폐가에서
두 눈을 부릅뜨고 있는
고양이의 저 모습은

화가 났을까?
끝까지
집을 지키겠다는 것일까?

트리아카스텔라

산티아고 로만시아 성당(Igrexa de Santiago de Triacastela)

중세시대 성(城)이 3개나 있던 도시,
트리아카스텔라(Triacastela)

   지금은 하나도 남아 있지 않을 정도로 쇠락한 촌락이다.
   마을 광장의 순례자 기념비가 이곳이 구호시설과 수도원이 있어 험한 산길을 넘어온 중세 순례자에게 중요한 휴식처였다는 것을 말해 준다.
   마을 중간에는 묘지와 함께 고색창연한 산티아고 성당이 있는데 내부에 복음서를 들고 있는 산티아고 성인의 석상과 3개의 성이 부조로 새겨진 18세기 종탑이 남아 있다.

알베르게

Albergue Berce do Camiño
— bed 27개, €8

마을 끝에 있는 침대가 적어서 조용하고 평범한 알베르게다.
마을의 한가운데 있는 파릴라다 사코베오 레스토랑(Parrillada Xacobeo Restaurante)에서 순례자 메뉴(€11)로 점심을 맛있게 먹었다.

Day 30
트리아카스텔라~사리아 (24.8km)

남은 거리 139km

하룻밤 유숙(留宿)하고 마을을 떠나는 지점에

야고보와 십자가가 있다.

나는 오늘도 무사 순례의 기도를 드린다.

아름다운 숲길

트리아카스텔라에서 사리아까지 가는 길은 정통 루터인 산실(SanXil) 길과 우회하는 사모스(Samos) 길이 있다.

산실 길은 더 짧지만, 더 가파르고, 대부분 아스팔트 길이다.

사모스 루트는 산실 길보다 7km 이상 더 멀지만 아름답고, 아주 편한 길이고, 사모스 베네딕도 수도원을 들를 수 있다.

나는 카미노에서 가장 아름답다는 사모스 길을 택했다.

오리비오 강을 따라 수백 년 된 고목들 사이를 지나간다.

아무리 편해도 카미노 길에서 쉬운 길이란 없다. 비록 오래된 고목들이지만 위풍당당하다. 늙은 고목의 자태를 보니, 나도 고목처럼 겉모습이라도 깨끗하게 늙어 갔으면 좋겠다.

산실(SanXil) 길

그라피티(Graffiti)

오솔길

산 마르티노 교회

사모스 가는 길

사모스 수도원 (Samos Monastery)

스페인에서 가장 오래된 수도원, 베네딕도 수도회 소속이다.
란체(Renche) 마을에서 그라피티로 뒤덮인 터널을 지나면 사리아 강(Río Sarria)가에 그림같이 나타나는 회색빛 건물
수도원에서 운영하는 알베르게가 있다.

청빈, 청결, 순종을 서약하고
그리스도교의 교리에 따라 사는
봉헌의 삶을 약속한 사람이 사는 곳

하느님!
수도자들이 성령께 온전히 귀 기울여 복음의 증거자로 정결과 청빈과 순명의 삶을 살게 하시어 자유로이 그리스도를 따르고 더욱 그리스도를 닮아 세상의 구원을 위하여 기도하고 봉사하게 하소서.

— 수도자를 위한 기도 중에서

꽃길

우거진 숲길을 지나니 노란 꽃들이
넓은 들판에 지천으로 피어 있다.

그런데 그늘이 사라지니
뜨거운 태양 빛을 감당하기 힘들다.

세상일에는 양면성이 있게 마련
지나치게 기쁘지도, 너무 슬프지도 않은 삶이었으면 좋겠다.

사모스를 지나서 길은 작은 시냇가를 따라서 걸으며
카페에서 쉬어 가며 걸으니 지루하지 않고 참 좋다.

다시 길은 아기아다(Aguiada)에서 오는 정통루트와 만난다.

Meson Pontenova

사모스에서 사리아까지 이어지는 사리아 강(Río Sarria)을 따라가는 완만한 길에는 공원도 있고 드문드문 농가주택도 있어 그늘이 많아 걷는 데 최적의 길이다.

오 바오(O Vao) 마을에 오니 길가에 아담한 음식점이 있다. 나는 간단히 빵과 오렌지주스를 사서 야외 의자에서 휴식하며 동행자들을 기다렸다. 이런 한적한 시골에서 이렇게 다양한 요리를 파는 음식점이 있다니, 순례길이 아니면 가능할까 하는 의문이 든다. 순례자는 그저 고마울 따름이다.

순례길을
걷다 보면 공동묘지가
마을마다 있어
삶과 죽음에 대해
거의 매일
생각하게 된다.

가끔 안타까운 장면도 보게 된다.
순례 도중 육체적인 고통을 이기지 못하고 하느님 품에 안긴 사람들을 추모하거나, 가족이나 사랑하는 사람을 그리워하는 물품이나 사진을 두고 간 것을 볼 수 있다.

애별리고(愛別離苦) 만큼
큰 고통이 있을까?

내가 살아 있음에 감사한다.

사리아에서 산티아고 데 콤포스텔라까지는 114km 남았다. 순례자 인증을 위한 크레덴시알(순례자 여권)을 발급받기 위한 마지막 지점이다. 순례 증명서를 받기 위해서는 도보 100km 이상을 걸어야 하기 때문이다.

사리아로 바로 가는 방법

기차
- 마드리드 출발
  월요일~금요일/일요일: Train Hotel
  22:30 출발, 익일 06:50 도착(토요일 운행 없음)
- 바르셀로나 출발
  매일: 일반 기차 09:30 출발, 21:50 도착
  Train Hotel 20:20 출발, 익일 08:45 도착
※ 바르셀로나 출발 기차는 사라고사(Zaragoza), 팜플로나(Pamplona), 부르고스(Burgos), 팔렌시아(Palencia), 레온(León)에서도 탑승이 가능하다.

버스
- 산티아고 데 콤포스텔라 출발

산 살바도르 성당(Iglesia de San Salvador de Sarria)

13세기경 근대적 건축물로, 같은 성당 안에서 로마네스크 양식과 고딕 양식이 구분되어 나타난다. 과거 순례를 마치고 산티아고에서 돌아온 순례자들은 순례 증명서를 보여 주면 이곳에서 하룻밤을 묵을 수 있었다고 한다.

사리아의 광고판에 태극기가 있다.
한국 사람들이 많이 온다는 방증인가?

사리아에서부터 걸으면 순례 증명서를 받을 수 있어서 단체 순례자들 대부분이 여기서부터 걷는다. 한때는 우리나라 순례자들이 숙소에서 삼겹살 파티를 하며 소란을 피워서 기피 대상이 되기도 한 적이 있다. 외국에 가면 국민 한 사람이 모두 민간 외교관이다.

막달레나 수도원 알베르게

Albergue Monasterio de La Magdalena

혼성 도미토리 룸 4개, 2층 침대 110개, €10(침대 시트, 베개 커버, 담요 포함), 공용화장실과 샤워실도 깨끗했다.
Room 안에 배낭과 개인용품을 보관하는 사물함이 따로 있다. 전기 소켓도 그 안에 있어 조금 불편하지만, 잠금장치(€1 동전)가 있어 안전하다. 다만, 빨래터가 좁고, 잘 갖춰진 주방과 식당이 중정을 지나서 건물 1층 입구에 있어 멀게 느껴진다.
(Check-In 11:00, Close 23:00, Check-Out 익일 08:30)

사리아 역사지구 5분, 기차역 11분, 슈퍼마켓 약 10~15분.
옆 건물에 성당과 수녀원(Convento da Mercé)이 있고, 매일 18:30 저녁 미사가 있다.
숙소는 마치 왕궁처럼 생겼다. 12세기 알폰소 9세가 세웠다는 수도원 건물로, 막달레나 수도원은 19세기 로마네스크 양식으로 재건축되었다.

Day 31

사리아~포르토마린(22.4km)

사리아부터는 단체 순례팀이 많다고 하여 일찍 출발하였는데, 단체 순례팀도 보이지 않고 순례자가 평소와 비슷하다. 수도원 외벽을 붉게 물들이는 아침 해를 뒤로하고 공동묘지를 지나 맑은 물이 흐르는 계곡과 숲 사이로 전원 풍경을 감상하며 기찻길을 건넌다.

얼마 가지 않아 천년 묵은 고목들이 숲을 이루는 정겨운 시골길을 지나니 바르바델로 마을에 도착한다. 오늘도 식수대나 카페가 거의 없어 미리 간식을 챙겨야 한다.

100km 표지석

아직도 옛 모습 그대로를 간직한 마을인 미라요스를 지나 페나(PENA)에 오니 산티아고까지 거리 100km 표식이 있다.

순례 확인서를 받을 수 있는 최소거리는
도보 100km
자전거, 말 200km

그래서 사리아부터 걷는 순례자
특히, 단체 순례자들이 많다.

오래된 오크나무 숲길이
깊은 산사에서 고승의 설법을 듣는 것 같다.

오레오

갈리시아 지방
특유의 오레오(Hórreo)

곡식을 말리기 위한 저장고

쥐나 동물로부터 곡식을 보호하고
통풍이 잘되도록 하기 위해
돌이나 나무로
바닥에서 높이 창고를 만들었다.

오레오의 크기로 그 집의 농사 규모를 알 수 있다고 한다.

조가비(Concha)

중세시대 순례를 마친 사람들에게 완주 증빙으로 무엇을 줄까 하다가 그 당시 갈리시아 지방의 상징인 조가비를 순례길 완주 증표로 주었다고 한다.[7]

조가비는 주먹을 편 손 모양으로 빈손을 상징하며
영적인 존재로 새로운 탄생을 뜻하기도 한다.

순례길을 마치고 완주 증명서를
받기 위해 순례사무소에 가면 조가비를 판다.
그러나 요즘은 출발지인 생장에서부터
조가비를 배낭에 달고 가기도 한다.
마음을 비우고 순례를 완주하겠다는 의지로 보인다.

---

[7] 이외에도 야고보가 타고 온 배에 가리비가 덮여 있었다는 등 여러 가지 설이 있다.

빌라차(Vilacha)

갈리시아의 전형적인 시골 마을, 빌라차(Vilacha) 잦은 비바람으로 튼튼한 석조주택이 많다.

길가의 나무 십자가에는 순례자들의 소망이 주렁주렁 달렸다. 돌, 사진, 솔방울, 나뭇가지 그리고 '제일 좋은 학교는 가정'이라는 한글 천이 있다.

한글보다는 영어나 스페인어로 적었으면 더 좋았을 텐데….

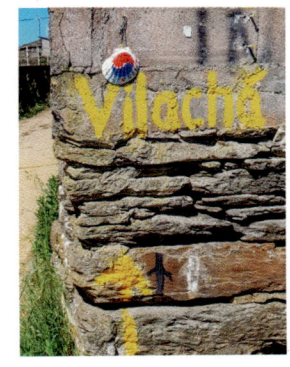

포르토마린(Portomarin)

새로 건설된 다리와 마을(Punete Nuevo de Portomarín)

1966년 댐을 건설하기 위해
저수지를 만들면서 수몰된 마을을
언덕 위로 옮겨 새로 만든 인공마을

미뇨 강 위의 로마 시대 다리는
저수지 아래로 묻혀 버리고
가파른 계단과 아치만 흔적으로
남아 있다.

현대식 새로운 다리를 만들었지만
옛 다리가 얼마나 그리울까?

산 니콜라스 요새 성당(Iglesia Fortaleza de San Nicolás)

예루살렘의 성 요한 기사단이 12세기 말에 설립한 로마네스크 양식의 교회다. 원래는 저수지 아래에 있었으나 댐 건설로 현재 위치로 옮겼다.

성당 정문의 24명 인물상은 산티아고 대성당을 건축한 거장 마테오 데 우스탐벤(Mateo Deustamben)의 작품이라고 한다.

쉰타 데 포르토마린
(Albergue Xunta de Portomarin)

- 지자체 운영 공립 알베르게
- Bed 110개, €6
- 알베르게 현관에 카미노 길의 모든 다리 사진을 한데 모은 액자가 걸려 있다.
- 룸은 현대식으로 수리를 하여 괜찮으나 주방과 식당의 조리시설이 열악하고, 호스피탈레로가 퇴근하며 주방 전등을 모두 끄고 갔는지 다음 날 아침에 주방 전기 스위치를 찾지 못하여 모두 어두운 곳에서 겨우 아침을 먹었다.

Day 32

포르토마린~팔라스 데 레이(25.0km)

　일기예보를 보니 아침에는 10도, 낮에는 31도로 강가여서 일교차가 엄청나다. 오늘의 순례길은 고도 330m의 포르토마린에서 720m의 리콘데 산맥까지 올랐다가 575m 팔라스 데 레이까지, 오르락내리락하는 다양한 지형을 걷게 된다.

심한 일교차로
벨레사르 저수지에
아침 해무가 장관이다.

한 폭의 수채화에
흰 돛단배가 화룡점정이다.

산 안토니오 언덕을 넘어오니 해무를 뚫고 아침 해가 솟는다.

순례자들의 모습도 하나둘씩 보이기 시작한다.

미뇨 강 건너 빽빽한 숲길은 곧 푹신푹신한 황톳길로 바뀐다.
새소리 바람 소리까지 거기에다가 부부가 함께라니 최상의 순례길이 아닐까?

넓은 초원 뒤로 안개가 물러가는 경치가 장관이다.

뒤를 돌아다보면 산 넘고 물 건너 굽이굽이 많은 길을 돌아왔다. 크고 작은 고난들 희로애락 속에서 어느새 나도 나이가 들었다. 이제는 나 자신을 자꾸만 돌아보게 된다.

순례길에서도
혼자 여유 만만
카메라로
아름다운 경치를 담는
사람도 있다.

순례도 저렇게 여유롭게
하면 좋으련만
오가는 길이 너무 멀어서
그렇게 할 수 없어
아쉬움이 많이 남는다.

팔라스 데 레이(Palas de Rei)

'왕의 궁전'이라는 이름답지 않게 옛날 모습이 많이 남아 있지 않은 도시다. 오늘이 5월 말일인데 저녁 7시에도 기온이 30도나 되고 밤 10시가 되어서야 해가 진다.

Albergue Mesón de Benito
- Bed 100개, €10(사설 알베르게)
- 1층 레스토랑(Meal €9)

2010년 Open, 도미토리에는 2층 침대와 사물함이 있다. 유료로 조식이 제공되는 레스토랑이 있다. 편의 시설로는 세탁 시설과 공용 라운지가 있고, 깨끗하고 따뜻한 물이 잘 나오며, 순례자 메뉴 볼로냐 스파게티가 맛있다. 알베르게에서 7~8분 거리에 슈퍼마켓(Supermercados Dia)이 있다.

Day 33
팔라스 데 레이~아르수아(26.4km)

어둑어둑한 골목길을 빠져나오며
순례자상과 작별 인사를 하고,
오늘부터는 비교적 완만하지만,
남북으로 흐르는 강을 5~6개 정도
건너야 한다.
산 술리안 마을을 지나고부터는
오크나무 숲길이 비포장도로여서
발이 아주 편하고 좋다.
오늘도 역시 공동묘지를 지나서
마을을 완전히 벗어난다.

숲속 오솔길이 걷기에 좋다. 이제 힘든 길은 거의 끝났다.

　순례길에서는 많은 순례자상을 만나게 된다. 오늘 만난 순례자상은 한 손에 성경을, 다른 손에는 지팡이를 짚고 챙이 있는 둥근 모자를 쓴 전형적인 순례자상이다.

　나도 이분과 같이 마음을 비우고 오로지 나 자신과 진솔한 대화를 하며 산티아고의 참된 삶을 배우도록 묵상하며 걷기를 다짐해 본다.

로마 다리(Roman Bridge)

푸롤레스 강을 가로지르는
중세풍의 로마 다리(Roman Bridge)

이 다리를 건너면 갈리시아 지방의 특산물인
문어(Pulpo) 요리로 유명한 멀리데(Melide)

음식 맛과 다리는 옛것 그대로인데
사는 사람과 지나는 사람은 옛사람이 아니구나.

유한한 인생을 어떻게 살아야 하는지
뒷사람을 위해서 무엇을 해야 하는지
곰곰이 생각해 본다.

아르수아(Arzúa)

다른 도시에 비해서 비교적 현대식으로 개발된 도시
도시가 높은 언덕에 있어 내려다보는 전망이 좋다.
어제까지는 루고주에서 오늘부터는 라코루냐주로 넘어온다.

 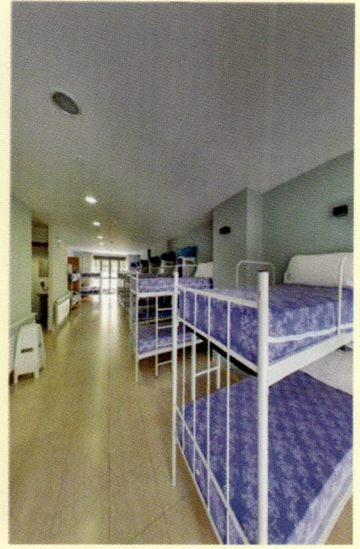

Albergue Santiago Apostol
- Bed 72, €10

5층의 엘리베이터가 있는 현대식 건물(1층은 레스토랑)
침실은 4층인데 공간이 넓고 개인 사물함이 있다.
아르수아는 공립 알베르게에 침대 수(48개, €6)가 적어
자리가 없어서 여기로 찾아갔는데 의외로 좋았다.
인근 식당에서 먹은 고추 순대 요리가 오래 기억에 남는다.

Day 34
아르수아~라바코야 (28.7km)

어느새 목적지 산티아고 도착 하루 전날이다. 갈 길이 멀어 일찍 나섰다. 가로등 불빛이 켜져 있는 아르수아 거리에는 오크통을 예쁘게 칠하고 낡은 등산화에 꽃다발을 얹어서 거리를 환하게 치장하였다. 이른 아침인데도 청소를 했는지 거리가 깨끗하여 기분이 좋다.

오늘은 길이 평탄하나, 유칼립투스 숲길이 많고 산티아고 공항이 있는 라바코야까지 간다. 내일 산티아고 대성당의 정오 미사에 참가하기 위해서는 10시 전에 도착해야 해서 추천구간보다 9.5km나 더 먼 라바코야에서 마지막 밤을 보내기로 했다.

잘 뻗은 아스팔트 길보다 꾸불꾸불 비포장도로가 좋듯이 순례길에서는 스틱보다는 삐뚤삐뚤한 지팡이가 잘 어울린다. 반들반들한 지팡이보다는 길가에서 주운 하찮은 나뭇가지가 더 좋다. 사람도 너무 완벽한 사람보다는 약간의 틈이 있는 사람이 좋지 않을까.

5월의 장미는 해마다 꽃을 피우는데 떠나간 집주인은 돌아올 줄 모르고 쓰러져 가는 지붕에는 잡초만 무성하다. 우리 인생도 이리 허망할까?

오늘 걷는 길의 중간쯤에 있는 살세다(A Salceda) 마을을 지나서 숲길에 들어서니 무질서하게 놓인 사진들이 있어, 그 사연들이 궁금하다.

그 옆에는 1993년 8월 25일 한여름
'기예르모 와트'라는 순례자가
목적지를 하루 앞두고 천국으로
떠난 것을 추모하는 동판이 있다.

'기예르모 와트' 추모비

우리 인간은 한 치 앞을 알 수 없다.
순례길 첫날에도
순례길 마지막에도
그분이 필요하시다면
언제든지 우리는 가야 한다.

등산화 아래 표지석에 이제 남은 거리는 20km, 드디어 내일이면 최종 목적지 산티아고 콤포스텔라에 도착한다.

라바코야 공항 때문에 순례길은 한참을 둘러 가야 한다. 숲속에서 잠시 쉬고 있는데 새 한 마리가 내 주위를 맴돈다. 뭔가 주기를 바라는데 내게는 빵 부스러기조차도 가진 게 없다. 너무 미안하여 자꾸 가라고 해도 가지 않아 할 수 없이 내가 먼저 일어섰다. 사람에게도 이렇게 미안해 본 적이 없는데, 정말 미안했다.

라바코야(Labacolla)

라바코야는 산티아고 데 콤포스텔라로 가고 오는 공항으로도 유명하지만, 중세 순례자들이 산티아고로 입성하기 위해 이곳에서 빨래하고 몸을 깨끗이 했다고 한다.

순례길은 공항 활주로의 끝자락을 돌아서 내려가야 한다. 길이 좀 복잡하고 지루하다. 공항을 이용하려면 산티아고 콤포스텔라에서 9~10km 떨어진 이곳까지 와야 한다.

Albergue Lavacolla - Peregrinos
- Bed 34개, €12

공항 앞이어서 호텔, 호스텔이 몇 있기는 하나 이 지역엔 갈 만한 알베르게가 별로 없어서 이곳으로 사람이 많이 몰린다고 하여 전날 예약을 하였다. 도착하니 젊은 사람들은 도미토리 룸을 주고, 우리는 별관에 4~5명이 자는 호스텔급 방을 주어, 나이 든 사람을 배려해 주는 듯해서 고마웠다. 정원과 주방이 잘 갖춰져 있고, 건너편에 슈퍼마켓에 있다. 산 파이오 호텔 1층 식당(Restaurante San Paio)의 순례자 메뉴(€15)가 좋았다.

Day 35
라바코야~산티아고 데 콤포스텔라(10.5km)

동쪽 하늘이 붉게 물들기 시작하니
구름도 길게 비단같이 색을 바꿔 입는다.

순례의 마지막 날
찬란한 아침을 뚫고
산티아고로 향한다.

우리의 하루는 변함이 없지만
하늘과 땅은 시시각각으로 얼굴을 바꾼다.
선물 같은 하루가 또 시작된다.

나는 아침 7시에 출발하여 산티아고에 9시 30분에 도착,
순례 인증서를 받고, 정오 미사에 참석할 예정이다.

 오늘 걷는 길은 대부분 완만하다. 시멘트 포장길도 걷고, 숲길도 걸으면서 오늘 만나게 될 산티아고 데 콤포스텔라 대성당의 야고보에게 바칠 기도를 묵상해 본다.

유칼립투스(Eucalyptus) 숲

햇볕이 유난히 따가운 길
하늘을 찌를 듯이 키가 큰 유칼립투스 나무가
빛을 가려 준다.

유칼립투스는 살충제를 만들기도 하고
상처를 치료하는 약을 만들기도 한다.

자연은 우리의 스승이자 고마움의 대상이다.
우리는 자연을 통하여 삶의 지혜를 배우기도 한다.
자연은 누구에게나 공평하고 모든 생명을 받아들이는
엄마 같은 존재다.

※ 추천 루트는 고소산 오른쪽 계단으로 내려가면 고속도로와 철로를 가로지르는 자동차도로와 연결되고, 대체 루트는 고소산 왼편으로 가서 교외 지역을 빙 둘러서 산 라사로에서 기존 루트와 합류한다.

고소산

요한 바오로 2세의 방문 기념비

해발 370m의 고소산(Monte do Gozo)

중세 순례자들이 이 언덕에 올라
산티아고 대성당의 첨탑을 바라보며
기쁨의 눈물을 흘렸다고 하여
'기쁨의 언덕(Monxoy)'이라고 부른다.

정상에는
1982년 교황 요한 바오로 2세 방문 기념탑이
산티아고 대성당을 바라보며 우뚝 서 있다.

이제 대성당까지는 5km
대성당은 어떤 모습일까?
야고보 성인은 잘 계실까?

드디어

최종 목적지

산티아고 데 콤포스텔라

순례길의 알파와 오메가

'순례자의 문'을 지나 대성당으로 간다.

저기에 걸린 휘장만큼

다양한 도시를 지나고

다양한 사람을 만났다.

각자 모양도 재질도 다르지만

합쳐서 한 단어를 만들 수 있다.

다른 듯하지만 같은 것이 세상사

세르반테스 광장(Praza de Cervantes)

일종의 재래시장으로 식량과 물품을 판매하는 상점과 포장마차가 있어 델 캄포 광장(Plaza del Campo)으로 불렸다.

19세기 후반에 시장이 아바스토스 광장(Plaza de Abastos)으로 옮기자 첫 근대소설 《돈키호테(Don Quixote)》의 저자로 스페인의 위대한 문학가 세르반테스 동상을 세웠다.

산 마르틴 피나리오 수도원(Mosteiro de San Martiño Pinario)

산티아고 데 콤포스텔라 대성당
(Catedral de Santiago de Compostela)

드디어 산티아고 대성당 앞에 서다.

36일 동안 800km를 걸어와 오브라도이로 광장에 도착하여 우뚝 솟은 산티아고 대성당을 마주하니 벅찬 가슴에 말을 잊었다.

광장에는 바닥에 앉아 우는 사람
멍하니 하늘만 바라보는 사람
환호성을 지르는 사람
어깨동무하고 춤추는 무리
손뼉을 치며 합창하는 무리
모두들 기쁨을 주체하지 못한다.

영광의 그리스도와 성 야고보가 순례자를 축복하고 있다니 잠시 후 나는 무릎 꿇고 조용히 감사의 기도를 바쳤다.

대성당 앞의 화강암 계단을 올라가면 오브라도이로 문(Fachada de obradoiro)과 그 안에 영광의 문(Portico de la Gloria)이 있다. 12세기 초 거장 마테오 데우스탐벤(Mateo Deustamben)이 신약성서의 요한 묵시록을 근거로 조각한 200여 개의 조각상이 있고, 중앙의 기둥에는 성 야고보의 상이 새겨져 있다는데 지금은 문이 굳게 닫혀 있다.

산티아고 길

나의 Pilgrim Passport

카미노 데 산티아고 프랑스 순례길을 마치고
나에게 '무엇을 얻었는가?'라고 물으면
'감사와 용서'를 배웠다고 답하고 싶다.

콤포스텔라

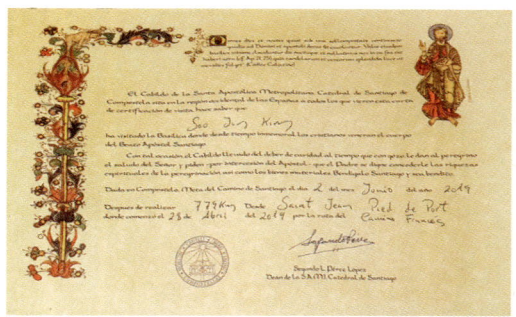

거리 확인서(779km: 스페인 길만 표시한 듯하다)
2019.04.28. Saint Jean Pied de port~
2019.06.02. Santiago de Compostela

순례 증명서

산티아고 데 콤포스텔라에 도착하여 순례자협회 사무소(Pilgrim's Reception Office)에 가면 순례자 여권(Credencial)의 Sello(스탬프)를 확인 후 라틴어로 된 순례 증명서(Compostela 무료)와 거리 확인서(Certificate of Distance €3)를 발급해 준다.

성 프란치스코 성당
(Igrexa de San Francisco)

산티아고 대성당에서 순례자를 위해서 정오에 향로(Botafumeiro) 미사를 열고 순례자 이름을 일일이 호명해 주는 의식이 있다.

그런데 지금은 대성당이 내부 수리 공사 중(2022년 완료 예정)이어서 대신 수도원 부속 성당인 성 프란치스코 성당에서 미사가 열린다. 향로 미사는 아니지만 크게 은총을 받는 감격스러운 순간이다.

야고보 성인 참배

대성당 공사로 남쪽의 프라테리아스 광장(Praza das Praterías)의 임시 출입구

야고보 성인

대성당 제단 뒤에 사도 야고보 성인의 성상(聖像)이 있어 순례자들은 뒤에서 야고보의 양어깨를 안으며 예를 표한다.

    산티아고 데 콤포스텔라 대성당은 예수 그리스도의 열두 사도 가운데 한 사람인 야고보의 유해가 안치된 곳이자 성 야고보의 길(El Camino de Santiago)로 불리는 성지순례의 종착지다.

    813년에 은둔 수도사 펠라요가 들판 위에서 신비롭게 빛나는 별빛을 따라가서 야고보의 무덤을 발견하였다. 알폰소 2세가 유해를 봉안하기 위한 829년 이리아 플라비아(지금의 파드론)에 성당을 세웠다. 얼마 안 있어 해적들의 약탈로 콤포스텔라로 유해와 성당을 옮겼다. 그 후 레콩키스타 과정에서 이베리아반도 최후의 전투인 클라비호(Clavijo)에서 야고보가 기적을 행사하여, 거의 다 질 뻔한 싸움에서 승리를 하였다. 그래서 야고보를 스페인의 수호성인으로 모시게 되었다. 당시 국왕은 1075년 성 야고보와 두 제자의 유해가 있는 이곳에 150년에 걸쳐 성당을 재건하여 1211년 대성당이 완성되었고, 이 도시를 '산티아고 데 콤포스텔라' 즉, '별이 쏟아지는 성 야고보'로 불렀다. 매년 7월 25일부터 2주간 산티아고 축제가 열린다.

대성당의 화려한 야경

The Raxoi Palace

　Pazo de Raxoi는 오브라도이로 광장을 사이에 두고 대성당과 마주보고 있다. 1772년에 대주교 Raxoi가 지은 신고전주의 양식의 건물로 현재 시 의회와 시청으로 사용 중이다.

블랑코 아파르타멘토스 투리스티코스
Blanco Apartamentos Turísticos

식당과 카페 거리에 있는 아파트식 호스텔로 걸어서 기차역과 버스터미널에서 각각 20분, 대성당에서 5분 거리에 있다.
현대적인 분위기의 깔끔한 방에는 간이 주방, TV, 휴식 공간이 있다. 나는 순례길에서 만난 동행자들과 4명이 하루에 €90씩 3일을 투숙하였다. 알베르게나 호스텔도 계절에 따라 다르기는 하지만 요금이 싸지 않았다 (€15~30/인).

Day 36

산티아고 데 콤포스텔라 2일 (Fisterra, Muxia)

  오늘은 피스테라와 묵시아를 간다.

  산티아고 데 콤포스텔라 버스터미널에서 평일/ 일요일 오전, 오후 각 2회씩(4회), 토요일에는 5회씩 버스가 있다(www.monbus.es). 첫차는 9시에 출발, 피스테라까지 약 2시간 40분 걸린다. 산티아고 데 콤포스텔라에서 걸어서는 3일 걸린다고 한다. 해안가 도로를 걷게 되어 경치는 좋지만, 차도가 많아 위험도 따른다. 피스테라에서 묵시아는 택시(€30)로 편도 약 30분 정도 소요된다.

  5월부터 성수기에는 산티아고 오브라도이로 광장에서 관광버스 직원이 광고지를 나눠 주며 호객 행위를 한다. €30~40에 피스테라와 묵시아 외 몇몇 곳을 다녀오는 상품이다.

FISTERRA

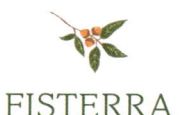

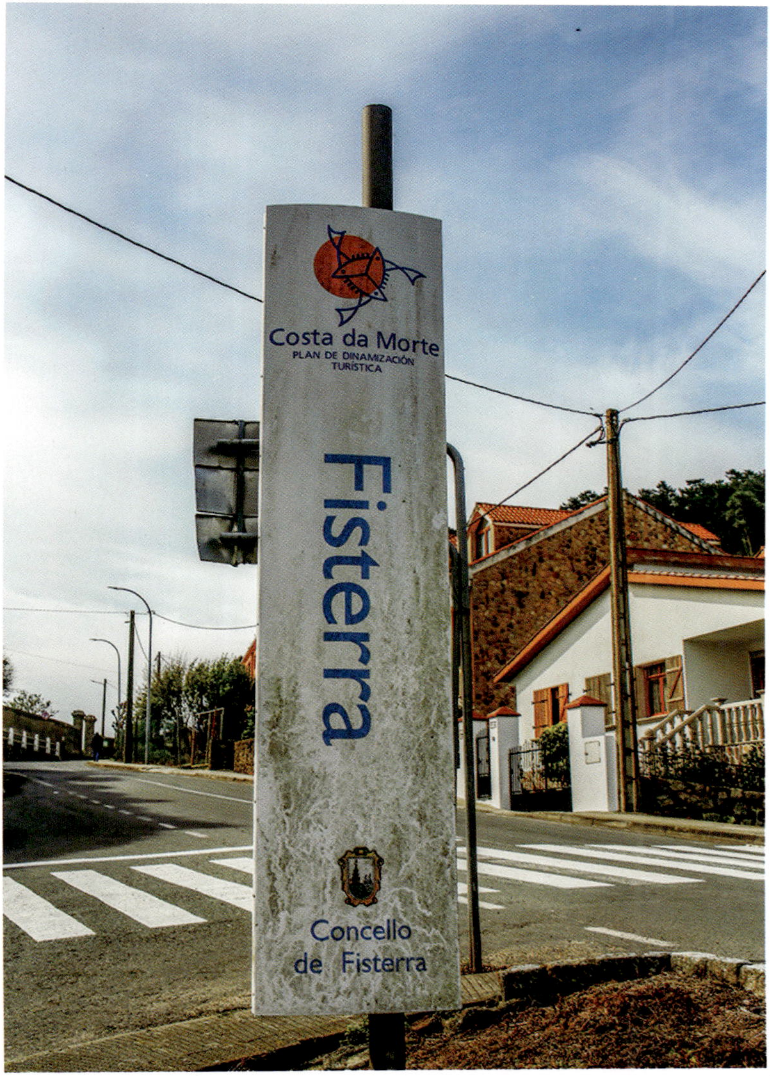
Costa da Morte
PLAN DE DINAMIZACIÓN TURÍSTICA
Fisterra
Concello de Fisterra

S자형 도로
알록달록한 갈색 지붕
먼 산의 풍력발전기
바람 센 바닷가 마을
신선한 공기를 맛볼 수 있는 천국

옛날 상인이 배를 타고 가다
풍랑을 만나 배에 물이 차자
싣고 가던 물건을 던지기 시작했다.
마지막으로 십자가를 버리자
태풍이 멈추었다.

상인은 하느님의 뜻이라고 여기고
배에서 내려 마을을 조성해서 살았다는 전설의 마을

교회와 갈매기

등대 가는 길에 있는
카미노 데 산티아고의 마지막 교회,
산타마리아 성당
거의 폐교회인 듯하다.

교회를 지키는 것은 갈매기
순례자를 환영하는 것도 갈매기
그 옛날 야고보를 맞은 것도
갈매기였을까?

순례자상

피스테라 항구 마을에서 등대까지 걸어서 약 1시간을 올라간다. 파란 대서양과 언덕에 즐비하게 피어 있는 노란 금작화에 눈이 호강한다. 길 중간쯤에 순례자상이 대서양의 바람을 맞으며 순례자를 기다린다.

등대 하우스 (Faro de Finisterre)

등대 아래 표지석에 0.00km
산티아고 순례길의 종점

대서양의 끝 마을, 피스테라
라틴어로 '세상의 끝'

영어로 피니스테레(Finisterre)
스페인어로 피스테라(Fisterra)

나의 여행도 여기서 끝나지만
다시 태어나는 마음으로
새로운 삶을 시작한다.

백파이프 세리머니(Bagpipe Ceremony)

백파이프 연주자가 갑자기 나타나서 Amazing Grace를 연주한다. 내가 여기까지 오다니 놀라운 은총이 아닐 수 없다.

돌 십자가 옆에서 대서양을 바라보니 감회가 새롭다.
대서양을 마주하고 있는 유럽의 땅끝,
푸른 바다와 황금빛 울렉스꽃의 앙상블처럼
헝클어진 나의 삶의 씨실과 날실도
한 올 한 올 예쁘게 엮어 봐야겠다.

MUXIA

뿔뽀의 고장, 묵시아

순례길의 마지막 여정으로 묵시아에 오니
마치 동화의 나라처럼 예쁘고
마을이 조용하여 여행을 마무리하기에 좋다.

마지막이라는 아쉬움과
무사히 순례를 마친 안도감이 교차하는
복잡한 감정이 가슴 가득 밀려온다.

산 너머 성당에서
그동안 달려온 나 자신을 돌아보고
앞으로 삶을 그려 본다.

그리고는 무사 순례를 자축하는 의미에서 묵시아의 명물
뿔뽀 가예고(Pulpo Gallego)로 오찬(午餐)을 한다.

바닷가 묘지

코발트빛 바다를 마주하고
누워 있는 순백의 영혼들을 보며
나는 순례길 끝에서
무엇을 채우고
무엇을 비우고 가는지
곰곰이 생각해 본다.

삶이 비극인 이유는
우리가 너무 일찍 늙고,
너무 늦게 철이 든다는 데 있다.
— 벤자민 프랭클린

바르카 성모의 성당
(Virxe da Barca sanctuary)

마치 돌배를 타고 오는 성모님을 마중하듯이 바다를 바라보고 있는 성모마리아의 성지 바르카 성모의 성당

노도광풍

Faro de Muxia(등대)

대서양의 거센 파도와 등대를 보면서
순례길을 마치고 살아갈 또 다른 세상을 그려 본다.

전설의 돌배

돌배는

야고보 성인 시체를 싣고 이곳에 왔다는 설과

야고보가 묵시아에서 선교 활동을 할 때
성모마리아가 타고 온 배의 돛을 상징하며
성모님께서 돌배를 타고 와서 도와주고
돌배는 그대로 둔 채
하늘로 올라가셨다는 전설을 가진 치유의 바위

돌배 아래 구멍으로 9번을 다녀오면 허리 병이 낫는다는데
파도가 너무 세서 모르는 게 약일 듯하다.

페리다 기념탑(A Ferida)

노란 화살표의 거리 표시석 0.00km
순례길의 종착지이자 내 마음의 시작점이다.

우뚝 서 있는 2개의 돌기둥, 페리다 기념탑은 2002년 유조선 좌초로 많은 기름이 유출되어 생태계가 파괴된 것을 기억하며, 그러한 사고가 다시는 없기를 바라며 세운 대형 석탑이란다.

대서양의 바닷가 동화 같은 작은 어촌마을에서 철썩 철~ 썩 파도 소리를 들으며 '바르카 성당'에서 기도를 바치고, 전설의 돌배에 소원을 빌고 순례 여행을 마무리한다.
꿈같은 휴식 시간이 끝났다.

Day 37
산티아고 데 콤포스텔라 3일

   도착 3일째는 산티아고 시내를 구경하였다. 갈리시아 지방에는 비가 자주 내린다고 하더니 그래도 순례길에서는 두세 번 정도밖에 비가 오지 않았는데 산티아고 콤포스텔라에 오니 도착한 날 저녁부터 비가 내렸다 그치기를 반복한다. 오전에는 수리 중인 대성당 안의 소성당 10시 미사에 참석한 후 야고보 무덤에 참배하고 아치베케리아(Acibechhería) 거리의 근사한 식당에서 점심을 먹었다.

   오후에는 또 다른 성당, 박물관, 선물 가게를 둘러보고, 재래시장에 가서 체리 같은 싸고 맛있는 과일도 사 먹었다. 그리고는 오브라이도르 광장에서 꼬마 열차(€6)를 타고 시내를 한 바퀴 돌고(약 45분), 걸어서 대성당 주변의 아기자기한 골목 투어를 한 후 마지막 만찬을 즐겼다.

대성당 내부

매일 소성당 10시 미사가 있다.

향로(Botafumeiro)

성수대(성당에 들어가면서 스스로 축복하고 악의를 물리치려고 성수를 사용한다.)

가이타(Gaita gallega)를 부는 여인

산티아고 영광의 문 아래 남녀가 교대로 백파이프를 불고 있다. 얼마나 많은 순례자가 감격하고 위로를 받았을까?

비록 모금을 하기 위해서라도 그들은 천국에 갈 것이다.

대주교 알론소 데 폰세카(Alonso de Fonseca)가 지은 16세기 고대 르네상스식 건물로 현재는 산티아고 대학교의 일부로 사용 중이다.

 대성당 주변에는 이렇게 비가 오나 눈이 오나 무릎을 꿇고 구걸을 하는 여인을 볼 수 있다. 자세히 관찰해 보니 식사 때는 어디 가서 식사를 하고 오는 듯하며 직업적으로 하는 것으로 보였다. 젊고 얼굴도 고운 여인들이 왜 이렇게 하는지 알 수가 없다.

　순례길에서 가끔 반려견을 동반한 순례자를 본 적 있지만 이렇게 도착지까지 같이 온 순례자는 처음 본다. 순례자도 배낭이 다른 사람보다는 커 보이고, 견공들도 조가비를 달고 사료까지 짊어지고 비가 내리는 험한 길을 달려왔다니 대견스럽기도 하고 안쓰럽기도 하다. 아무튼 순례자와 반려견에게 큰 축복이 내려졌으면 좋겠다.

A Horta d'Obradoiro

오브라이도르 근처에 미슐랭에 오른 식당이 있다.
미슐랭 가이드에서 Bib gourmand으로 언급된 레스토랑

별점 1개
방문할 가치가 있는 레스토랑

별점 2개
차를 타고서라도 방문할 가치가 있는 식당

별점 3개
거리에 상관없이 일부러 찾아갈 가치가 있는 곳

여기는 별점 2개
순례자에게는 다소 비싼 €20 생선찜,
그 밖에 문어 스튜, 숯불 대서양 참치 등이 있다.
순례를 마치고 자축하기에 좋은 레스토랑이다.

수도원 성당

갈리시아인 '파이오 성인(San paio)'에 봉헌된
San Paio de Antealtares 수도원 성당

830년 베네딕도 수도원으로 출발,
1499년부터 베네딕도 수녀원으로 사용 중이며
수녀원에서 만드는 케이크가 유명하다.

재래시장 (Mercado de Abastos de Santiago)

   산티아고의 재래시장.
   저렴하게 식사할 수 있는 곳도 있고, 산티아고 데 콤포스텔라를 오감으로 느껴볼 수 있는 곳이다.

   스페인에서 가장 유명한 농산물 시장 중 하나인 메르카도 데 아바스토스 데 산티아고에서는 야채, 해산물, 육류, 와인과 주류를 가득 쌓아 놓은 수백 개의 가판대를 둘러볼 수 있다. 이 시장은 유명한 관광 명소이지만 현지 주민들도 이곳에서 장을 보는 모습을 볼 수 있다. 시장 건물 바깥에 있는 노점 진열대에도 주로 과일 같은 소량의 농산물을 판매하는 현지인들을 볼 수 있다. 나는 체리를 사서 먹었는데 아주 싸고 맛있었다.

   치즈가 먹음직스러워서 사려고 했더니 입국 시 휴대가 금지된 품목이라고 했다.

골목 투어

마지막 밤

오늘이 마지막 밤이다.

저녁을 먹고 오브라도이로 광장 (Praza do Obradoiro)으로 나왔다.

대성당 위로는 둥근 보름달이 환하게 대성당과 광장을 비추고 있다.

광장에는 나처럼 아쉬움을 달래기 위한 순례자들이 가득히 모여서 웃고 떠들고 춤추는 광란의 밤이 흐르고 있다. 광장 건너편 시청 건물(Pazo de Raxoi)에서는 악단들이 즐거운 연주를 하고 있다.

이제 밤도 깊어가고 순례자들도 하나둘씩 발길을 돌린다.

나도 아쉬움을 뒤로하고 숙소로 돌아간다. 돌아가는 골목길에는 가로등 불빛만 가득하다.

이제 나의 버킷리스트 중 하나가 이루어졌다. 내일이면 이곳을 떠나야 한다.

Day 38
콤포스텔라를 떠나며

콤포스텔라 기차역(공항처럼 짐 검사가 있다.)

산티아고 콤포스텔라에서 마드리드까지
기차로 약 5시간 30분 소요(€36.75)
ALSA 버스로는 8시간 넘게 걸린다(€52.78).

갈 곳이 있다는 것은 얼마나 다행인가.
여행을 마치고 집으로 돌아갈 때가 제일 행복하다.
돌아갈 집이 없다면 여행이 얼마나 무의미할까?
너무 힘들어서 포기하고 싶었던 순간들
너무 아름다워서 눈물이 나던 장면들
너무 행복해서 미소 짓던 시간들
이들을 가슴에 품고 나는 집으로 간다.

Adiós! Santiago

하늘이 너무 부럽다. 멋진 창밖 풍경을 보면서 지나간 한 달여 시간을 반추해 본다. 나도 이제부터 멋지게 나이 들어 세파에 흔들리지 않고 당당한 삶을 살아야겠다.

순례길을 떠나려는 사람에게

많은 사람이 산티아고 순례길을 가고 싶어 하지만 실제로 떠나는 사람은 많지 않다. 시간이 없어서, 걷는 데 자신이 없어서, 영어나 스페인어를 할 줄 몰라서, 돈이 없어서 등 이유도 여러 가지다. 그렇게 생각하면 절대 못 간다. 물론 돈, 시간, 언어 3박자가 되면 좋겠지만 왕복 항공료와 한 달간의 숙식비(하루 약 €30~40) 정도만 있으면 충분히 떠날 수 있다고 생각한다. 첫날 내가 피레네산맥을 넘으며 남미에서 어린이와 유모차를 끌고 온 부부를 봤다. 떠나겠다는 용기만 있으면 된다. 산티아고 순례길에서 만난 사람들은 나처럼 은퇴하고 온 사람도 있지만, 직장을 그만두고, 학교를 휴학하고 오는 젊은이들도 많이 있었다. 심지어 어학연수 대신에 산티아고 순례길을 비롯한 세계 여러 곳을 여행하는 용감한 여학생 자매도 보았다. 물론 한 달간의 시간이 길게 느껴지겠지만 우리 인생의 긴 여정에서 보면 지극히 짧은 순간이 아닐까. 제발 '언젠가'라는 단어는 지우고 지금 당장 떠나라.

누구와 함께 떠나면 좋은가? 카미노 길은 먼 길이다. '먼 길을 떠날 때는 좋은 사람과 동행하라'는 말처럼 동행자도 중요하다. 그러나 카미노에서는 좋은 동반자가 있으면 좋지만, 서로가 보조를 맞추기가 쉽지 않다. 좋은 동반자를 찾기 전에 내가 좋은 동반자가 되도록 하자. 좋은 동행자가 없다면 차라리 혼자 가는 것도 좋다. 어차피 인간이란 혼자 와서 홀로 가는 것 아닌가. 부부나 자녀, 아주 친한 지인이 아니면 혼자 떠나기를 추천한다. 혼자라도 전혀 외로움 같은 것도 느낄 수 없고, 저절로 동행자가 생겨 순례도 물 흐르듯이 자연스럽게 할 수 있다. 혼자 가는 것에 대한 두려움을 버려라. 나와 같이 여행한 부산에서 온 70대 중반의 할머니는 영어조차 한마디 못 해도 루르드부터 시작하여 순례를 마치고 포르투갈 파티마로 떠나는 것을 보았다. 모든 것을 하느님께 맡기고 그냥 떠나라. 다만, 사전에 계획을 세우고 준비를 철저히 하라. 서두르지 말고 무리하지 않아야 한다. 여권, 지갑, 핸드폰 등 중요 필수품은 24시간 몸과 시야에서 떨어지면 절대 안 된다.

내가 여행을 떠나면서 제일 고민한 것은 카메라였다. 특히, 산티아고 순례길과 같은 장거리를 걷는 데 가장 중요한 것은 배낭의 무게를 최소화하는 것인데, DSLR 카메라를 가지고 가는 것은 바보라고 했다. 그래도 명색이 사진가인데 카메라를 포기할 수 없었다. 그래서 처음 스페인과 모로코, 포르투갈을 여행하고, 포르투게스를 순례할 때는 여행 가방은 포르투에서 산티아고 데 콤포스텔라 우체국으로 보내고, DSLR 카메라와 줌렌즈를 가지고 갔다. 도시를 여행할 때는 그래도 괜찮았는데, 순례길을 걷는 동안은 정말 버리고 싶을 정도로 힘들었다. 그리고 1주일 후 프랑스 길로 떠날 때는 좀 더 가벼운 미러리스 카메라를 가지고 갔다. 처음에는 경치가 너무 아름다워 DSLR을 가져가지 않은 것을 후회했다. 그러나 며칠이 지나 메세타 지역을 통과할 때는 너무 힘들어 손수건조차도 버리고 싶었다. 요즘은 카메라 성능이 워낙 좋아져서 사진 전시회 등을 염두에 두지 않는다면 콤팩트 카메라나 휴대폰으로도 충분하다. 아름다운 사진은 자신의 눈과 마음속에 담아 오는 것이 최상이 아닐까 생각한다.

순례길 준비요령

신체적 준비

많은 사람이 순례길을 가고 싶은데 건강에 자신이 없어서 망설인다. 나는 체력적인 문제보다는 결심하지 못하는 정신적인 문제가 더 크다고 생각한다. 순례길은 보통의 건강한 사람이라면 누구나 할 수 있다. 배낭을 메고 목발을 짚고 걷는 순례자도 있다. 앞을 보지 못하는 사람도 도움을 받아 순례했다. 물론 무거운 배낭을 메고 최소한 한 달 이상 걸어야 하는 만큼 건강을 점검하는 일은 필수다. 떠나기 전에 평소에 꾸준한 걷기 훈련을 하고 가면 가서 고생을 덜 수 있다. 과신하지 말고 자기 체력에 맞는 여행 계획을 세우고, 충분한 연습을 한 후에 도전하여 가서도 너무 무리하지 말자.

정신적 준비

순례에 실패하는 사람들의 많은 분이 너무 무리한 트레킹을 하는 데 원인이 있다. 처음부터 조급하게 생각하지 말고 천천히 자기 수양을 하는 셈치고, 적당한 보폭으로 걷는 것이 중요하다. 특히 우리나라 사람들은 빨리빨리 문화로 걷는 동안 많은 중요한 것을 놓친다. 주변의 유명 관광지나 역사유적도 못 보고 다른 순례자들과 교분도 쌓지 못하고, 자신의 사유(思惟)할 시간도 없이 오로지 걷기에만 전력 질주한다. 무작정 걷기만 할 바에야 구태여 먼 그곳까지 갈 필요가 있을까.

물질적 준비

· 하드웨어

장기간 트레킹인 만큼 약간의 장비는 필수다.

다만, 가능하면 무게를 최소화하는 것이 좋다. 배낭이 무거우면 발에 물집이 생긴다(일반적으로 몸무게의 1/10 또는 10kg 이내를 권한다).

- 필수 장비: 배낭, 접이식 스틱, 중등산화, 침낭, 슬리퍼, 양말, 챙이 긴 모자, 우비, 선글라스, 면 타월, 샤워 타월, 세면도구, 선크림, 계절에 맞는 옷(Outdoor), 상비약(감기약, 소화제, 지사제, 진통제, 두통약 등), 밴드(나는 매일 아침 발가락에 대일밴드를 붙이고 양말을 두 켤레 신어서 한 번도 물집이 생기지 않았다), 바셀린(출발 전과 도착 후 바른다), 핸드폰(USIM 카드), 빨래집게(10~20개), 헤드 랜턴, 안대, 귀마개, 손톱깎이, 무릎 보호대 등
- 불필요한 것: 물통(현지 생수 구매), 조리기구, 책, 시계, 순례자 조가비, 빨랫줄, 반찬

· 소프트웨어(기본적인 스페인어를 익히고 가면 좋다.)

- 필수 앱: 번역기(Papago), 날씨(The Weather Channel), 나침반, 손전등, Google Map, Maps Me(오프라인 지도), Camino Pilgrim
- 도움이 되는 것: Camino Tool, Buen Camino, Frances BASIC, Omio, Rome2rio, Booking.com

궁금한 것 6가지

1. 언제 가면 좋은가?

언제든지 가면 좋지만, 일반적으로 봄과 가을을 선호한다. 봄에도 가능하면 이른 봄(3월 말~4월 초)이 한가하고 숙소비용도 저렴하다. 그러나 저녁부터 아침까지는 추운 날이 많고, 일교차가 큰 것을 고려해야 한다.

4월 말~5월부터는 꽃이 피고 경치가 좋으나 도시에서는 숙소 비용이 비싸다. 또한, 우기에 철저히 대비해야 한다. 역시 일교차가 커서 아침에는 쌀쌀하다.

여름(6월~8월)에는 너무 더워서 힘들고, 휴가철과 맞물려 많은 인파로 고생할 수 있다. 연간 순례자들의 절반가량이 여름에 찾는다. 특히 각종 축제나 야고보의 날인 7월 25일 전후로는 도시에서 숙소 구하기가 어렵고 비용도 매우 비싸다.

가을(9월~10월)에는 봄보다 날씨가 더 좋고 수확 철이라 맛 좋은 과일도 먹을 수 있는 좋은 시기다.

겨울에는 추운 날씨로 숙소(알베르게)와 식당을 구하기가 쉽지 않다. 문을 여는 곳이 많지 않아 사전에 영업 여부를 확인하고 가야 한다.

참고로 내가 순례길을 걸은 기간은 4월 29일~6월 2일인데 비가 3번 정도 왔었다. 대부분 날씨가 좋았지만, 아침 출발 때는 손이 시릴 정도로 일교차가 컸다.

2. 얼마나 걸리는가?

Camino Pilgrim 앱 추천 일정은 걸어서 31~34일(자전거는 12일)로 되어 있다.

중간에서 빌바오를 다녀오거나 큰 도시 레온이나 부르고스에서 1~2일 휴식을 감안하고, 피스테라와 묵시아를 걸어서 갈 경우는 3~4일, 콤포스텔라에서 2~3일 쉬면서 관광을 하는 것을 생각하면 전체 일정을 40일 정도는 잡는 것이 좋다.

나의 경우는 순수하게 걸은 것은 32일, 부르고스에서 빌바오를 다녀오느라고 1일, 라바 날 수도원에서 3일, 콤포스텔라에서 3일(피스테라와 묵시아 1일 포함), 가는 날과 오는 날 2일 하여 41일이 소요되었다.

하루의 일정

일반적으로 알베르게에서 잘 경우는 늦어도 오전 8시까지는 비워 주어야 한다. 매일 걸어야 할 거리가 20~30km여서 보통 기상하여 아침(가다가 카페에서 간단히 먹는 경우가 많다)을 먹고, 6~7시에 출발하여 12~14시에 목적지에 도착한다. 대부분 알베르게가 12시(일부는 2시 또는 4시) 이후에 오픈한다. 알베르게에 도착하여 체크인, 샤워, 빨래, 점심 식사, 마을 산책, 유적지 관광, 낮잠(Siesta), 슈퍼마켓(통상 오후 5시 이후에 오픈한다), 저녁 식사, 성당 미사 참석 등을 한다.

3. 어느 루트를 가야 할까?

산티아고로 가는 카미노는 수없이 많다. Camino Tool 앱에서는 16개 Route를 소개하고 있다. 많이 알려진 코스는 12개 정도이고 그중 가장 대표적으로 많이 가는 루트로 프랑스 길, 포르투갈 길, 북 길 3개가 있다. 나는 프랑스 길, 포르투갈 길을 걸었고 다음에는 경치가 빼어나다는 북 길을 걸어 볼 예정이다.

① 프랑스 길(Saint Jean Pied de Port~Santiago de Compostela) 프랑스 생장에서 산티아고 콤포스텔라까지 800km를 걷는 가장 대표적인 길
② 포르투갈 길(Lisbon/ Porto~Santiago de Compostela) Lisboa 출발 25일(630km), Porto 출발 10일(260km)
③ 북 길(Irun~Santiago de Compostela) 830km
④ 은의 길(Sevilla~Santiago de Compostela) 1,000km
⑤ 파리 길(Paris~Saint Jean Pied de Port) 1,000km
⑥ 베즐레 길(Vezelay~Santiago de Compostela) 900km
⑦ 르 퓌 길(Le Puy~Saint Jean Pied de Port) 740m
⑧ 아를 길(Arles~Somgport Pass) 750km
⑨ 레 반테 길(Valencia~Burgos) 900km
⑩ 모사라베 길(Granada~Merída) 390km
⑪ 영국 길(El Ferrol~Santiago de Compostela) 110km
⑫ 피스테라 길(Santiago de Compostela~Fisterra) 87km

4. 숙소는 어떻게 정할까?

숙소는 알베르게, 호스텔, 호텔 등 여러 가지가 있지만, 순례자들은 대부분 알베르게를 이용하고 있다. 공립 알베르게는 지자체/ 교구 교회/ 수도회/ 협회에서 운영하며 규모가 크고 비용이 저렴하다. 그 밖에 사설 알베르게가 있다. 사설 알베르게는 일반적으로 공립보다는 규모가 작고 시설이 양호하나 비용이 더 든다.

대부분 알베르게는 공동 샤워장, 화장실, 주방 및 식당, 세탁시설을 갖추고 있어 직접 식사를 만들어서 먹거나 사 먹기도 한다. 호스텔은 독립된

방에 화장실 겸 샤워실이 있으나 주방이 없어 식사는 거의 사서 먹어야 한다. 옛날에는 공립 알베르게에 빈대(Bedbug) 때문에 많이 꺼렸는데, 요즘은 대부분 소독이 된 일회용 침대보를 사용하여 거의 베드 버그는 없어진 것 같다. 나도 한 번도 빈대에 물린 경우가 없다. 다만, 남녀 공용이고 심한 코골이(Snoring) 등으로 고생할 수 있어 귀마개를 준비하는 것이 좋다. 또 공립 알베르게는 대부분 선착순이고 하루만 묵을 수 있는데 사설 알베르게는 예약도 받고 여러 날을 묵을 수도 있다. 출발 하루 전에 비용, 조건 및 시설 등을 알아보고 알베르게를 정하고 구글 지도로 위치를 파악해 두자.

5. 비용은 얼마나 들까?

비용도 각자의 취향과 경제력 등에 따라 달라질 수 있지만, 나의 경우 주로 공립 알베르게를 이용했고, 동키 서비스(Mochila Transports)를 거의 이용하지 않아서 하루에 평균 €25~40 정도 사용하였다. 구체적으로 보면 알베르게 비용이 €5~15, 아침(빵과 음료) €3~5, 점심(매식) €8~12, 저녁(자체) €5~10, 기타(물, 와인, 과일, 세탁기 사용료, 교회 입장료 등) €3~5, 여기에 항공료, 기차나 버스비, 관광 비용 등을 추가하면 된다. 기회가 된다면 값싸고 맛 좋은 과일, 와인, 질 좋은 고기 그리고 올리브를 많이 먹기를 추천한다.

6. 순례자 여권(Credencial del Peregrino)은 어떻게 만드나?

순례자 여권은 출발 전 한국 산티아고 순례자협회 또는 현지 순례자 사무소에서 소정의 비용을 내거나 무료로 발급받을 수 있다. 프랑스 길의 생장 또는 론세스바예스의 순례자 사무소에서 신청서를 작성하고 €2를 내면 순례자 여권과 순례길 고도표, 알베르게 리스트를 받을 수 있다.

　순례자는 반드시 순례자 여권을 지참하고 자신이 머문 알베르게나 지나서 온 성당, BAR 등에서 스탬프인 세요(Sello)를 받아야 하며, 특히, 최소한 산티아고 데 콤포스텔라에 도착하기 이전 마지막 100km 구간에서는 충실히 세요(Sello)를 받는 것이 좋다.

　또한, 공립 알베르게는 원칙적으로 순례자 여권이 있어야 받아 준다. 순례를 마치고 순례자 증명서를 받기 위해서 고무도장인 세요(Sello)가 찍힌 순례자 여권을 증거로 제시해야 한다. 원래는 알베르게 관리인(Hospitaleros) 도장만 인정하지만, 식당, 카페, 성당, 관청 등에서도 세요를 받으면 되고 나중에 지나온 길의 추억이 될 수 있다.

참고 도서

- 세스 노터봄, 이희재, 《산티아고 가는 길(De Omweg Naar Santiago)》, 민음사, 2010.09.05.
- 하페 케르켈링, 박민숙, 《산티아고 길에서 나를 만나다》, 은행나무, 2016.07.18.
- 존 브리얼리, 신선해, 《산티아고 가이드북(산티아고로 떠날 때 필요한 모든 것)》, 넥서스BOOKS, 2010.06.25.
- 존 오도나휴, 류시화, 《영혼의 동반자》, 이끌리오, 2005.07.25.
- 필 쿠지노, 황보석, 《성스러운 여행, 순례 이야기》, 문학동네, 2003.03.05.
- 파울로 코엘료, 박명숙, 《순례자》, 문학동네, 2011.10.05.